Journey to Supreme Love

異次元の旅へ

ガイドやスピリットたちとの出会い、
体外離脱が導くもの
ヘミシンク・ワークのすべて

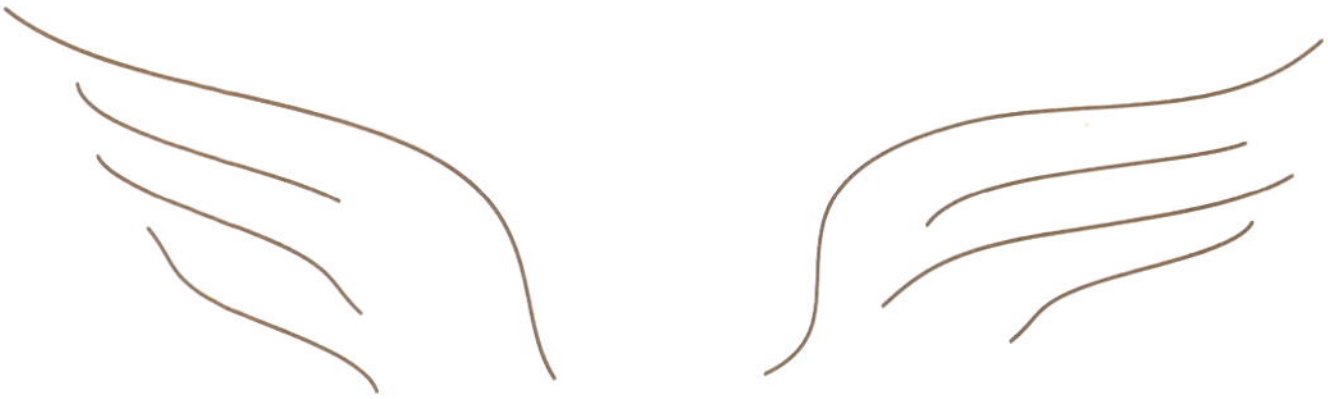

医学博士／
米国モンロー研究所公認
アウトリーチ・トレーナー

藤崎ちえこ
Chieko Fujisaki

徳間書店
Tokuma Shoten

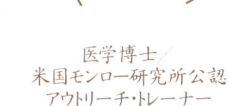

「私はいつでもあなたのそばにいます。あなたの両手の中に――。
胸の前で手を合わせて、感じてみてください。

あなたの周りの石や植物、動物、そして人々は、私の愛しい子どもたちです。
つまり、あなたの兄弟姉妹なのです。
だから恐れる必要はありません、全てを愛してください」
――セントラル・サン（創造主の光）より――

はじめに

アメリカ人、ロバート・A・モンローの開発したヘミシンクという音は、雑音のように聴こえますが、これにより、普通の瞑想ではなかなか行きつきにくい高いレベルの瞑想意識へと入れるのです。

モンローは、この音を使って1971年より、モンロー研究所にて、約1週間の合宿式プログラムを始めました。このプログラムは瞬く間に評判となり、米国の国家機関でさえ注目するものとなったのです。

このヘミシンク・ワークの体験本を出すにあたり、改めて自分が初めて米国モンロー研究所を訪れて、最初のコースであるゲートウェイ・ヴォエイジを受けたときのノートのメモ書きを見直してみると、いろいろな発見がありとても楽しんで読みました。それとともに、「ああ、まだこのときはこんなことを考えていたんだ」とおかしくなったり。

そして、私のヘミシンク・プログラムの参加者の方々が質問してこられることが、私も自分が受けていたときにはわかっていなかったのだと発見し、参加者に改めて共感してみたり。

例えば、ヘミシンク・プログラムが体外離脱のためのものだと強く意識してしまっていたこともそうですし、ツールと呼ばれるヘミシンクを聴くにあたっての、準備の方法にしても、参加者の皆さんが混乱しやすいところで、自分も混乱していたのだという発見です。

最初のころセッションの度ごとに寝てしまって、どうしたものかと考えていたことなどが記されています。

私も、参加者の多くの方々と同様、最初へミシンクのプログラムによって、体外離脱をしてみたいという気持ちを大いに持って、モンロー研究所を訪れたのは事実です。

確かにライフラインのフォーカス27を受けた日、自宅に帰ってその夜、身体から出ることができました。そして、それはそれでとてもエキサイティングな経験でした。

しかし、それ以上に深い経験をしたことで、このプログラムの奥深さを知ったのです。

この宇宙や次元のシステム、他の生命体の存在、自分が生まれてきたことの意味、そして何より自分は愛されているのだということを知ったことのほうが、はるかに意義深かったということを感じます。

私は、肉体以上の存在で、私というスピリットは、今考えているよりはるかにさまざまな知識と経験を備えているのだということに気づきました。

それは、高い次元の意識でいると、3次元的思考のときに比べ、より深い愛に基づき物事を考えられることや、さまざまな記憶を呼び起こさせることがあるからです。

そして、この今生での私の経験の全ては無駄ではないということを知るのです。全ての経験は価値あるものであり、叡智の結晶として私の魂に刻まれていくのです。全ての経験は思考から来ています。私が学びたいと思うことを計画してそれを現実化しているのです。

あらゆることは人生の糧《かて》となります。だからこの一瞬一瞬を大切に生きようと思うのです。

このことは、多くの現代人が迷っていることに大きな一石を投じることとなるでしょう。一次元の旅により、今一生懸命生きることが最も大切なことのひとつだという結論を得たのです。一瞬一瞬の今を精一杯生きることが、大きな目で見ると素晴らしい織物となって仕上がっているのです。

また、プログラムを行っていく中で、私は集団の力の大切さを学びました。プログラムを行うことの大きな意義のひとつは、複数の人が集まり知識的に経験的にエネルギー的に個々のそれらを共有することで、それぞれが潜在的にあるいは意識的に刺激され、各人が受け取るものが数十倍になって帰ってくることにあります。

よくプログラムの中で見受けられるのが、自分が身体から出ることができたら、その出ている状態のスピリットにおいて他の人の手を引いて肉体からひっぱり出そうと協力してあげるのです。それによってうまく異次元の体験ができた人も出てきます。

あるいは触ってあげるだけでも、触ったことが自覚できると本当にスピリットで交流していたのだと自覚でき、そのような現象を真に信じることができるようになり、その感覚を覚えておくことで他のスピリットとの交流も可能になります。

また、他の人を手伝った人においても、手伝ったことで他の人がうまくいったことにより、他の人をエネルギー体としても援助したり交流したりすることができるんだということ、そして触ったことを感じてくれた人がいたことで自分がスピリットとして交流したことが幻想ではないという確信が得られるのです。

そして、知らず知らずのうちに他の人の試した方法を参考にしていたり、自分の中の問題に気づくこともできるのです。それらが、素晴らしい経験への第一歩となることも大いにあるのです。

このワークは究極のところ、自分のエネルギー浄化システムだと思います。自らの感情的な問題を浄化して、他の次元の自分と繋がるということです。多次元の自分となることで、私たちは結果的に素晴らしい叡智と至福を手に入れることになるのです。

それは、自分がこの次元だけに生きているのではないと気づくことで、現実のことだけに意識が向けられることなく、より客観的に物事を見る目をもつことができるからです。

例えば、人間関係で悩むとき、どうして自分がこのような目にあわなければならないのか、自分の何がいけなかったのか、と他人や自分を責める気持ちが浮かんでくると、そこで客観的なもうひとつの目を働かせることで、全体が把握でき、その人間ドラマに埋もれることなく、その意味を悟り、そのドラマから早く抜け出せることがあります。

このプログラムを受けられた参加者の方々の体験を通して、私自身とてもたくさんのことを学び、気づきを得ました。

それらをより多くの方々に共有していただき、これを読まれるたくさんの方々の深い意識の改革への手助けとなればと思います。

今まで、数人のヘミシンク・ワーク体験記が日本でも出版されてきました。ですが、10人参加者がいれば、10通りの体験の仕方と答えがあると感じています。

そこで今回、もっといろいろな参加者の体験談をご紹介して、さまざまな視点からヘミシンク・ワークをとらえていただき、ご自身の意識覚醒の道のご参考にしていただけたらと思い、一冊の本にまとめてみました。

まだまだここでご紹介しきれない、たくさんの面白い体験談もありますが、まずはヘミシンク・ワークの入口として本書を読まれ、参加者になったつもりで疑似体験されてみてはいかがでしょうか。

また、すでにヘミシンクを体験されている方々も、他の方がどのような試みをされているか参考にして、ご自身が異次元の旅をされる際に、試してみるのもよいかと思います。

そして、ぜひ、ご自身の答えを見つけてみてください。
たくさんの人々が気づきを得て、大きくこの世界のエネルギーが変換することを願って。

藤崎ちえこ

異次元の旅へ◉目　次

第6章　心の森研究所のヘミシンク・ワーク①
あなたが生まれてきたことの意味

第7章　心の森研究所のヘミシンク・ワーク②
肉体を離れる体験談

第8章 ヘミシンク・ワーク体験者の声

第9章 その後の体験 6、7次元へ

第10章 愛と癒しのコース フォーカス18へ

装幀／上田晃郷
著者写真撮影／善本喜一郎
カバー写真／オリオンプレス
本文イラスト／翼

第1章

宇宙のしくみ

モンロー研究所とフォーカス

モンロー研究所の創始者ロバート・A・モンローは、41歳にして突然体外離脱を経験しました。それまでラジオ番組の制作会社を経営していたモンローは、成功した経営者としても名の知れた人物でした。

ところが、その突然訪れた天界との遭遇により、彼は今まで経営していた会社を突然閉め、その場所にモンロー研究所を立ち上げたのです。

そこでは、長年彼が培ってきた音響技術を用い、さらに医学者や心理学者などの協力を得て、ヘミシンクという特別な音を作りました。これは通常、雑音のようにしか聴こえないのですが、これをステレオヘッドフォンで聴くと、普通の人の脳波が長年行ってきた瞑想熟達者のような脳波に、より早く変化させることができるのです。

それにより、体外離脱や高次元のビジョンを見るといった不思議な体験が起きたり、その人のエネルギーが上昇してより高い意識に目覚めるということが起きるのです。そしてさらにこの音を使い、宿泊型のワークショップを１９７１年に開催し始めました。

彼の仕事は次第に評判となり、アメリカ政府も注目するほどになりました。そして、公務員

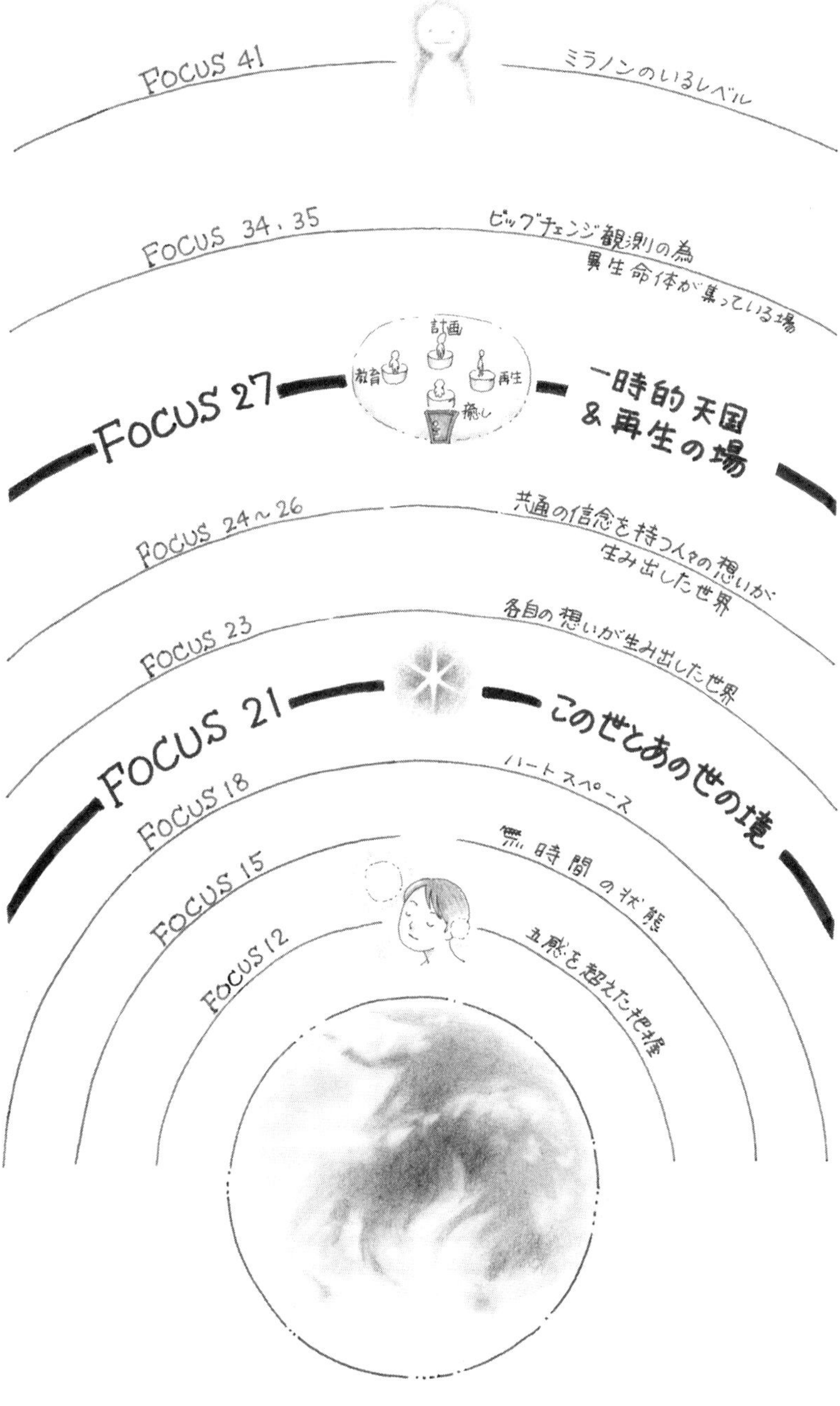
FOCUS 41
ミラノンのいるレベル
FOCUS 34, 35
ビッグチェンジ観測の為
異生命体が集っている場
計画
教育
再生
癒し
FOCUS 27
一時的天国
&再生の場
FOCUS 24～26
共通の信念を持つ人々の想いが
生み出した世界
FOCUS 23
各自の想いが生み出した世界
FOCUS 21
このせとあのせの境
FOCUS 18
ハートスペース
FOCUS 15
無時間の状態
FOCUS 12
五感を超えた把握

が派遣されることもあり、また一般の参加者も世界中から訪れるようになりました。

モンローは自らの体外離脱の体験からさまざまなことを学びました。

特に、私たちが通常「次元」と呼んでいるものをさらに細かく分け、「フォーカス」という単位をつけたことが特徴的でした。それにより、次元の地図のようなものを作ることで、死後の世界をよりわかりやすく説明したのです。

このフォーカスの数が上がるにつれて、より私たちのいる現実から離れ、次元が上昇していくことになります。ただし、各プログラムでは、全てのフォーカスにとまるわけではなく、特徴的なところでとまる、いわゆる快速列車のように進みます。

3次元的フォーカス10～15

フォーカス10においては、肉体は眠り意識はより覚醒した状態です。ですから、通常感じている肉体感覚以上の感覚に目覚めてくるのです。

例えば普段私たちは心臓の動く音や感触など気にとめたりはしません。血管の中を血液が流れる音など感じませんし、感じようともしないかもしれません。しかしこのフォーカスの音を聴くと、そういった感覚や音を感じることがあるのです。また、身体がしびれたり浮くような

フォーカス10は 肉体は眠り、
意識は 覚醒した状態

フォーカス12は、ガイドと会話のできるところ。

人には 誰にでも

10人ほどの ガイド が ついている。

フォーカス15は、時間と空間の制限のないところ
過去生や未来の自分の姿を見ることができる。

「こういう未来生にするために今から変わろう！」
未来は自分で変えることができる。

感じを覚えたりする人もいます。体験は人によりさまざまです。

フォーカス12では、肉体はさらに眠り、意識はさらに覚醒します。

そして、ここはガイドと呼ばれる、日本でいう守護霊のような自分を守ってくれるスピリットと会話しやすくなるところでもあります。

人には誰にでも、10人ほどのガイドと呼ばれる、私たちにアドバイスをくれたり守ってくれているスピリットがついています。そのガイドに話しかけたり呼び出したりすると必ず返事をしてくれるのです。ただし、その返事を受け取れるかどうかは私たちにかかっています。

また、フォーカス12は直観力や透視能力が目覚めてくるところです。ですから、現実に箱に入っているものが何かを当てたり、封筒に入っている数字を当てたりといったゲームを楽しむことができます。この能力は、練習すればするほど上達するものです。

フォーカス15は、時間と空間の制限のないところです。ですから、過去や未来に行き、さまざまな自らの過去生や、未来の自分の姿を見てくることができます。

もちろん、催眠療法士ブライアン・ワイス博士の『未来生療法』（ＰＨＰ研究所刊）にもあるように、未来は自分で変えることができるので、ひとつの可能性を見てくることにすぎないのですが、それを見ることにより自分の生き方や考え方を変えようと思うきっかけになることもあるのです。

例えば、自分が未来生においても、今生と同じように同じパートナーと夫婦喧嘩をしていた人は、「もうこんなことは終わりにしたい」と決心したといいます。過去や未来を見ることで、今を変える決心をすることが最も大切なことだと思うのです。

フォーカス21～27

フォーカス21では、あの世に旅立った人たちと会える可能性があります。

よく臨死体験の中で、亡くなった祖父や祖母が親戚たちと三途《さんず》の川の向こうから手を振っている、という話がありますが、それと同じような情景を見る日本人も少なくありません。

アメリカではどうかというと、「トンネルの向こうに……」とか、「道を渡りきったところに先祖がいて……」といったように、必ずしも川が出てくるわけではありませんが、状況としては向こう側に立っているという、似たようなものを見る傾向はあるようです。

そして、万国共通しているのは、フォーカス21が白い世界であるということです。霧がかかったような世界に見えるのです。

フォーカスの中には特色的な色が見られるところがあるということがいわれますが、それぞれのフォーカスは、チャクラ（体のエネルギーの中心）に対応した色のように、エネルギーレ

フォーカス21は、あの世に
旅立った人たちと 会えるところ。

各フォーカスには　チャクラの色のような
エネルギー レベルがある。

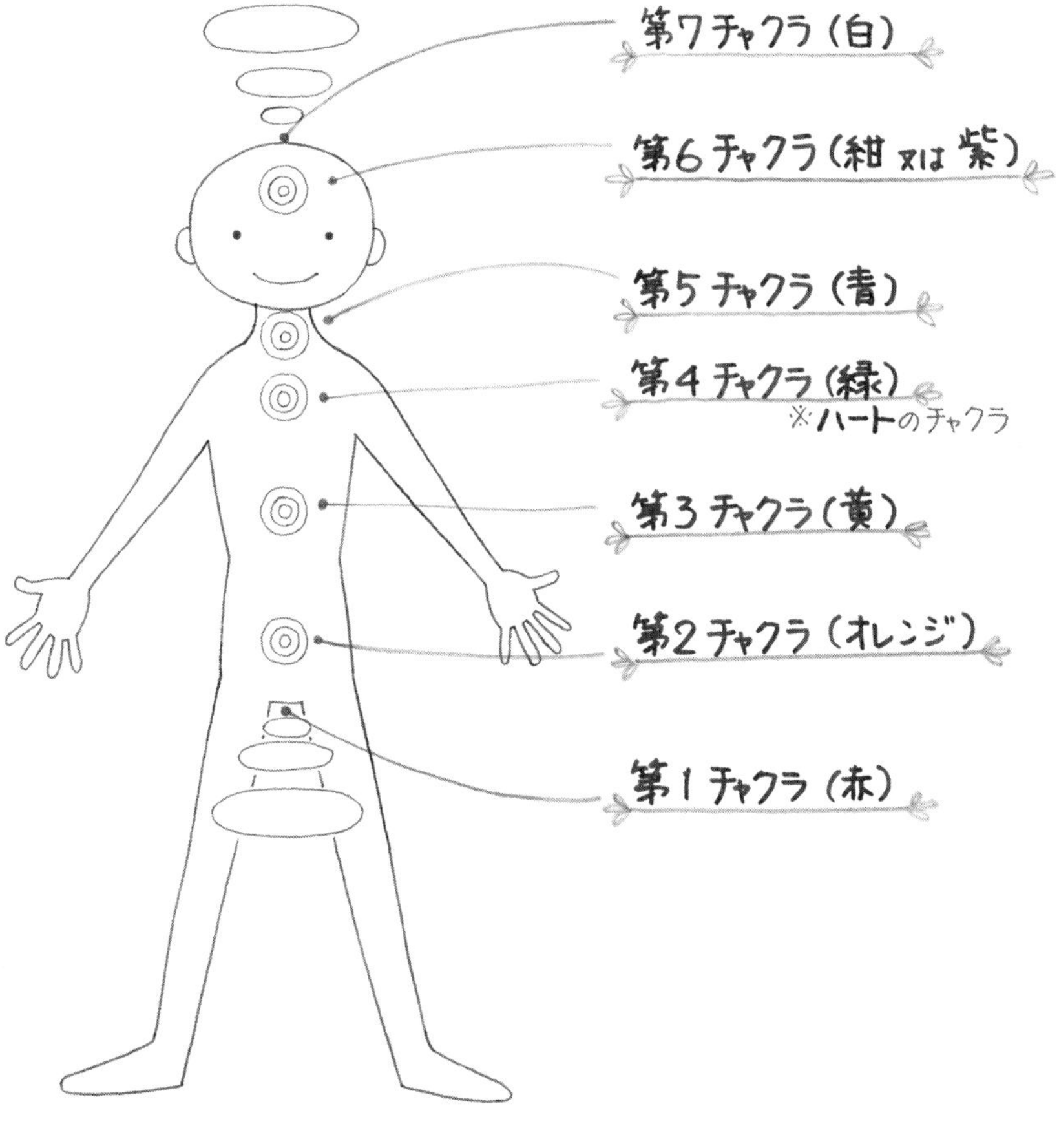

ベルあるいは波動レベルを反映しているのかもしれません。

ここからいよいよ4次元的世界に入っていきます。

フォーカス23は、各自の思いが創り出した世界です。

フォーカス24～26には、信じ込みを持つ人々、地球にたくさんの思いや執着を残している人たちがいるところとされます。

例えばある宗教団体にはまってしまったままで、それしか信じないという気持ちでいると、それを同じように信じたまま亡くなった人々と共に過ごし、そこを天国の最終地と信じてしまっていることがあるのです。

また、ある人間的な執念にとらわれていると、生きていた世界に住み着いて離れないでいるということもあります。そしてそのまま、何千年もそこに居続けることさえあります。

こういった人々があるときに気づいて、もっと違う、心地よい世界に向かおうとしたときに目指すのがフォーカス27です。

フォーカス27は俗に言う「天国」のような場所と考えればよいですが、もちろん巨視的宇宙観から見ると素晴らしい本当の天国は、まだまださらに上のフォーカスにあるのです。

そういった観点から言うと、このフォーカス27は、地球での輪廻《りんね》転生《てんしょう》の中間生を過ごす、一時的な休憩所といったほうがよいでしょう。

フォーカス 24〜26は、信じ込みを持つ人々、地球にたくさんの思いや執着を残している人たちがいるところ。

ここまでのフォーカスの体験については、拙著『魂の帰郷』（ビジネス社）に記述しております。ガイドに会って会話したり、さまざまなスピリットをフォーカス27に救済したり、体外離脱を経験したりと、なかなかエキサイティングな体験と気づきを得ました。

ワークの中で、時にガイドは、ビデオのようなものを使って過去生を見せてくれることもありました。でも、最近ではきっとDVDに変わったでしょうね（笑）。

フォーカス24〜26の信じ込みの体系の中にいた、東洋人のふたりの女の子を救済したときもありました。そのときは、そのセッションに入る前の朝から体調に変化があり、何らかのスピリットが来ていることを感じていました。

また、フォーカス27には、私の天国を創りました。私は桜の花が大好きなので、公園の中に桜並木を創り、他の皆を招待しました。

そういった経験を、日本の人たちにもぜひ体験していただきたいと、私は日本人で初めて、モンロー研究所でアウトリーチ・トレーナーの資格を取りました。トレーナーのコースを受け、試験を受けるまでには、いろいろな意味でとてもたくさんの課題がありましたが、今日、日本でようやくこのワークを提供できるようになったのは、とてもうれしいことです。

そして、ここから先のフォーカスは宇宙レベルになっていきます。それらについては、じっくりと後の章で味わっていただきたいと思います。

第2章

次元の旅へ

フォーカス27～34、35の探究

癒しと再生のためのフォーカス27

フォーカス27は、亡くなった人たちが次の生の準備をするために、訪れるところで、そこで地球での癒しが行われ、また再教育が行われます。

というと、何か学校のようなイメージになってしまうかもしれませんが、行った限りとても楽しいところで、むしろ憩いの場であり休憩所と呼んだほうがよいかもしれません。

このプログラムの目的は、

・フォーカス27を探索し、そのエネルギーに親しむ。
・フォーカス27における癒し、再生、教育、計画といった特徴的な機能に親しむ。
・フォーカス27にいる知的生命体たちとあい、親しむ。
・フォーカス27と物質的次元の地球との関係を学ぶ。
・人間の地球的体験とは異なるフォーカス27の面を探索し、見つける。
・フォーカス34と35を探索する。

癒しと再生のためのフォーカス27

ここフォーカス27は、それぞれの機能の場所が備わっており、知的生命体がそれらを管理し、地球からの魂を出迎えまた送り出しています。

主に4つの領域に分かれており、最初に「公園」そして「ヒーリングセンター」「教育センター」「計画センター」に分けられています。そして、それらの中心に管理知的生命体がいるのです。

また、フォーカス34と35は他の惑星に住む知的生命体に出会える場所だといいます。

私は、今回この知的生命体にあうのもとても楽しみでした。というのも、私には、どうもガイド以外に、ふたりの他の惑星に住む知的生命体がそばについていてくれるようだと常々感じていましたが、私が彼らの姿を視覚的に見ることに同意していない部分があるらしく、姿を現してくれないのです。ですから、今回はもしかするとその姿が拝めるのではと楽しみにしておりました。

無条件の愛を受け入れることから始まる

最初にフォーカス10のおさらいセッションをします。リラックスして無条件の愛を受け入れるように指示されました……。

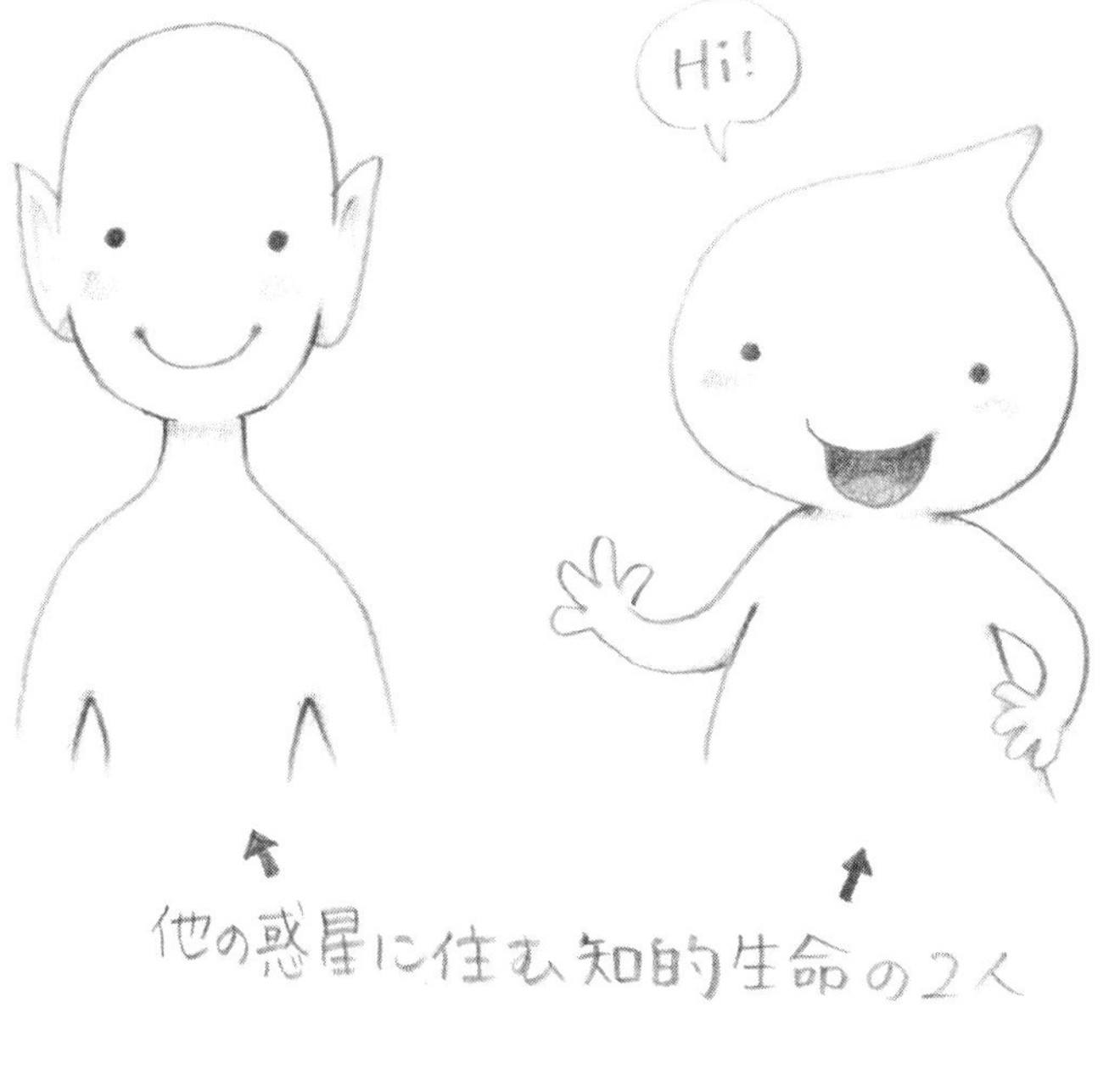

フォーカス34，35は、他の惑星に住む
知的生命体に出会える場所

フォーカス10に意識を集中し、自分のオリジナルコードを置くように指示を受けたので、"Chie" というコードを置いてみました。すると、スーッと上に引き上げられた気がしました。

その後、長いリゾナント・チューニング（声を「アー」と出して波動を整える、モンロー研究所のツールのひとつ）の時間があり、しばらくすると、足のほうから下に引きずり出されるように感じました。正確にはエネルギー体がというべきでしょう。

すると、突然明るい日の光の下、一直線の大地が広がり、その上に茶色のログハウスらしき建物がありました。

それが何であるかはわからないまま、「そうだ、自分の意図した好きなところに行ってみよう！」と思い立ち、そのまま日本の自分の仕事場に行ってみました。

すると誰もいないので、今が日本時間では夜であることに気づき、意図して時空を超え、事務員がいるはずの昼間に設定して移動しました。

すると、いつもの昼間の事務所の様子になりました。事務員がパソコンで仕事をしています。「問題なく仕事ができているかしら、何か困っていたらアドバイスしよう」と思っていましたが、実際ただいつもどおりに事務員はパソコンに向かっているだけで、どこにつまづきがあるのかさえわかりそうにありません。それに、たとえ事務員が大声で「ああ、これわかんない！」と言ったとしても、私がどうアドバイスしてあげられるでしょう。私の声が簡単に伝わりそうにもありません。

確かに、かつて体外離脱した方が、肉体の人に語りかけたとき、その人は体外離脱したその存在には気づかなかったものの、インスピレーションのようにそのメッセージを受け取ったということがありました。

しかし、それをするにはエネルギー体のこちらも相当エネルギーを消耗しそうです。この場合、そこまでの必要性はないと思い、今回はその場を離れることにしました。

妖精だけの国がある

次にフォーカス12、15、21の復習が続きます。

フォーカス15では、妖精にあうことができました。小さな透き通るその生き物たちは、いつも楽しげに遊んでいます。特に自然の多い場所が大好きです。大きな葉の陰でダンスを踊ったり、ステップを踏んだり、楽しく会話したりしています。

彼らをそおっと眺めていると、彼らについての情報がどこからともなく入ってきます。

彼らは人間とは異なる、彼ら自身の世界を持っており、独自に楽しく暮らしています。妖精も人間と同じようにそれぞれの妖精によって、性格が違います。やさしい妖精、面白い妖精、頑固な妖精、喧嘩っ早い妖精、それは人間の世界と違いがありません。

ただ、彼らの世界はどこかユーモラスでゆとりがあります。人間のように朝から満員電車に揺られて、汚い都会の空気の中ストレスを抱えながらも毎日同じように仕事を続けて、夜遅くまで必死に働くということはまずありません。いつも楽しげでダンスや歌が大好きです。

そしてひとりの妖精が私に近づいてきました。

満面にやさしく包み込むような笑顔をたたえたおばあさんの風貌をした妖精でした。彼女は私をずっと以前から知っているかのように親しげに近づいてきます。私もそんな彼女の不思議な温かさに安心して、ずっと彼女を見つめていました。

この他にも、フォーカス15では竜に会ったことがあります。ユニコーンなどの想像上の生き物とされる者たちも住んでいるようです。

私たちの思いが現実となりやすいところだからなのでしょうか。それとももともと彼らがいて、私たちが昔から彼らの存在を知っていたのでしょうか。

いずれにせよ、うれしくて、「妖精の国はあるんだよ〜!!」思わずそう叫びたくなりました。世界の秘密をのぞいてしまった、そんなうれしい気持ちになりました。

フォーカス15には、妖精の国がある。

アメリカン・インディアンとの縁

いよいよ、フォーカス27のセッションです。

最初のセッションでは、真っ暗な部屋にいるにもかかわらず、窓、光、太陽がはっきりと見えました。ここまで来るのにうとうととなってしまうセッションもありましたが、それも全てフォーカス27に来るための脳の準備だったのだと思いました。

高次元に行くと、よく真っ暗な部屋なのに明るい光が見えるということが起こります。これは、第3の目が、波動を視覚的に変換して見ている状態であると思われます。

私たちの周りにはたくさんの波動が飛び交っていますが、それを私たちは視覚や聴覚や触覚といったさまざまな感覚器官でとらえるのです。

しかし、どの感覚器官でとらえるかは人によって異なります。時に自分の得意なひとつの感覚でとらえることもあれば、複数の感覚でとらえることもあるのです。

ところで、私とアメリカン・インディアンとはとても縁があるようで、私のセッションや夢にはよく出てきます。このフォーカス27のセッションでもインディオが顔をのぞき込んできました。

視覚や聴覚、触覚、
自分の得意な感覚で、波動をとらえることができる。

いろいろな波動を視覚的に変換すると
目で見ることができる

私がトレーナーコースを受けていたとき、ワシントンDCに泊まっていました。ワシントンDCには、無料で入れる博物館や美術館が町中にたくさんあります。その中で、たまたま私が一番最初に入ったのが国立アメリカン・インディアン博物館でした。

中に入るとインディオの古《いにしえ》の香りが漂っていました。インディオの使っていたたくさんの道具が展示されています。

たくさんの部族に分けて展示されている中、あるひとつの部族が目にとまりました。よく見ると、部族によって使っている道具や様相はかなり違っているのですが、その部族の格好や様子が私がかつてヘミシンク・セッションで見たり出会ったりしたインディオととてもよく似ていたからです。

私はまるで自分の家族の写真を見るかのように、彼らの写真を見つめていました。それはとても懐かしくノスタルジーに満ちた瞬間でした。

そして、今回のフォーカス27探求プログラムでも、アメリカン・インディアンにまつわる面白いハプニングに出会ったのです。ですが、この話はまた後にしたいと思います。

魂の本質は喜びだった

フォーカス27では、３次元での物質を高次元での精神的世界でも見ることができる、ということで、まずダイニングルームにクリスタルを置いておき、それを見に行きます。

そして、セッションに入り、フォーカス27まで行って、フォーカス27のモンロー研究所のダイニングルームに行きそこにも本当にクリスタルが置いてあるか確かめに行きます。

果たしてセッションに入り見に行くと、参加者のふたりの男性とひとりの女性がすでにエネルギー体で来ていました。しかしほかの人の姿が見えません。

するとガイダンスで「では、ダイニングのクリスタルを見に行ってください」と流れたのです。つまり、行くのが早すぎてまだほとんどの人は来ていなかったのです。ガイダンスが流れると続々と皆が集まってきました。

そして、皆でクリスタルをのぞき込みました。驚いたことに、本当に全身にぞくぞくと鳥肌が立ったのです！　その感覚はとても肉体的でした。

私がさらにクリスタルの中をのぞき込むと、その中にはさまざまな人々の顔が見えてきました。その中にはとても悲しそうな顔もありました。

その様子から、いろいろな歴史をもったクリスタルなのだということがうかがえました。

その後時間があまったので、レセプションセンターに遊びに行ってみました。するとたくさんの光が渦となって飛び交っているではないですか！

そしてそれらが人の魂のエネルギーであることにすぐに直感的に気づきました。それらの光はまるでダンスを踊っているかのように生命の喜びを全身で表現し、とても生き生きとして感じられました。きっと天国に着いた喜びをかみしめ、全身で喜びを表現しているのでしょう。

セッションが終わり、参加者全員でシェアリングをしていると、何人かの人々が、私を指して、「(フォーカス27のクリスタルのところで) 君を見かけたよ」と言っていました。

確かに私は相当長くその場にいたので、たくさんの人に目撃されていたのでしょう。何しろ、ガイダンスで行くように指示される前からそこにスタンバっていたのですから。

願いが叶いやすいフォーカス27

フォーカス27は願いが叶いやすいところでもある、という説明がありました。トレーナーのCが彼女自身のエピソードを話してくれました。彼女はスペインでもプログラムを行っています。

「私は今度ホテルを借り切ってワークを行うことにしました。場所は修行者たちも住む山の麓《ふもと》です。全ての準備が整い、あとはプログラムを待つだけとなっていました。ところが、1ヶ月前になって、予定していた料理責任者が仕事を降りてしまったのです。急なことに、どうしよ

フォーカス27では、3次元での物質を
高次元の精神世界でも見ることができる。

人の魂のエネルギー
生命の喜びを表している。

うかと焦りました。もうあまり時間がありません。

そんな中、プログラムの中でフォーカス27に行きました。私はここで最適な料理責任者が来ることを具体的にイメージし、その思いをフォーカス27に置いてきたのです。

すると、そのプログラム中、ある参加者が知り合いに仕事を探している腕のよい料理人がいるので、使わないかと声をかけてきてくれたのです。しかも彼はすぐに働けるといいます。

フォーカス27は、願いを置いてくると叶いやすいところなのです！」

彼女は実感を込めて話していました。

フォーカス27というところは高次元でありつつ、まだ地球レベルの圏内に入っているところです。高次元に願いを置いてくると、現実化しやすくなります。それは、高次元の波動的未分化なものから、3次元の物質的に分化したものは作りやすいからです。

例えば、小麦粉からパンもうどんも作ることができますが、いったん分化したパンからうどんを作ることは難しいですね。それと同じことが願いの叶え方にもいえます。

ただし、フォーカス27より上に行くと、あまりに高次元すぎて地球レベルを超えてしまいます。例えば、高次元ばかりにずっといるスピリットは、愛をたくさんもっていて、素晴らしいインスピレーションと情報をくれますが、時にあまりに3次元になじまない情報をくれることもあります。

よい考えだけれども実際に3次元でどうしたらよいのかという具体性に欠けたり、3次元で働く私たちにはそれを実行するには大変なものもあるのです。

それと同じく、地球圏内を離れてしまうと、波動がうまく結びつきにくいのかもしれません。これについては、これからさらに検証してみたいと思います。

魂の成長を考えて、来世を決める

また、フォーカス27には、プランニング・センターという次の人生の計画を立てるセンターがあります。

その中には、さらにエントリー・ディレクターズ・オフィスという、生まれ変わる魂たちの次の人生を構成する、いわば映画監督のような人たちがいるところがあります。

そこでは、例えば前世で男性だったのを女性に変えて生まれ変わらせるといったように、アレンジするのです。

とはいっても、決してその人生を送ることを強要されるというわけではなく、全ては結局自分で選べるようです。

まず、フォーカス27に着くと、フォーカス27にあるモンロー研究所のクリスタルを目指しました。それからプランニング・センターのエントリー・ディレクターに会いに行ったのです。時は私が生まれる直前の状態です。

私のエントリー・ディレクターは私の人生においてふたつの選択肢を用意していました。ディレクターによると、大抵はふたつに絞り込まれるそうなのです。

ひとつはイギリスの農夫で、自然と闘いながら仕事をしていく人でした。

私は、それをまるで映画を見ているかのように眺めていました。そして、見ているとなんだか先の見えた人生だな、と思ってしまったのです。

もうひとつは、宇宙の真実を世に広める仕事をする人でした。

これも映画のように映像が出てきましたが、見ているだけで引き込まれてしまいそうなくらい、わくわくする人生に見えたのです。なぜなら、そこにはたくさんの選択肢と可能性があったからです。私は迷わず、「これっ!!」と指さして決めたのです。

すると、活発で戦士のような男性的魂に、高次元からの女性的魂が加わり、地上に舞い降りてきました。ここで気づいたことは、魂とは、私という中性のスピリットに、経験的あるいは記憶的ソウルとしてのキャラクター(人格)をもつエネルギーがいくつか加わって構成されており、それが肉体に宿るということです。

日本語では魂と一言で言ってしまいますが、本質的な魂と、例えば地球の記憶を持つエネル

魂の成長を考えて来世を決める

=☆ プランニングセンター ☆=
in フォーカス27

ギーがそこに加わることでより人間らしい個性が生まれるようなのです。

ということは、私たちの本質は、もともとよりニュートラル（中性的）で、また他の魂と区別がつきにくい、つかみどころのない雲のような存在なのではないでしょうか。

先日、子どものころの体外離脱の体験について語ってくれた友人〈拙著『魂の帰郷』（ビジネス社）参照〉が、こんなことを語っていました。

子どものころ、よく彼女は母親に、「どうしてA君の考えていることと、私の考えていることは違うの？　なんで人は皆、違う考え方をするの？」と尋ねていたそうです。でも、彼女の母親はさっぱり意味がわからない、という顔をしていたということでした。

つまり、彼女は生まれる前、私たちの考えやエネルギーは、ある程度共有していたものであったことを子どものころも記憶していたのでした。

そのことを私が説明したところ、彼女はとても納得した様子でした。

ともかく、その魂の合体の過程と同じように、私の人生も後半になるほど女性性を増し、最後はハッピーでジョークの利いた老女になるということで、これは楽しみです！

そして、ふたつ目の生まれ変わりのポイントは、地球上での生まれる時代は関係ないということです。

最初の農夫の姿は、その姿や農具から、まるで今から1世紀も前のような昔に見えました。

この地球上の「時の流れ」は、宇宙的には全く関係ないものなのだ、と実感できました。

３つ目の重要なことは、ディレクターは実は、ちょっと意地悪なことにどうやら最初から私がどちらを選ぶか知っていたようなのです。

私は、そのことをディレクターと話をしながら、潜在的に感じ取りました。まあ、それも私の魂の成長を一番に考えてのことと、彼（彼女）の愛情を汲み取ったわけです（笑）。

そうこうする間にフォーカス27という、かなり遠いところまで旅していた私でしたが、突然肉体の口がピクピクッと自然に動き、そしてトイレにも行きたくなったので、自然と肉体へと意識が戻ってきつつありました。すると、ちょうどそこでＣ１（Conscious１：肉体にエネルギー体が納まった、通常の意識状態）への帰還命令がガイダンスで流れたのです。

このセッションの後、シェアリングにて、あるひとりの参加者は私の顔を見ながら自らの体験を語ってくれました。

おそらく、彼は自分がそのセッションで見てきた過去生は、日本人だと確信していたからでしょう。彼は、そのセッションでは、自分が何人かははっきり伝えられませんでしたが、仏教徒の僧侶でありながらも、戦争に行かなければならずパイロットとして東南アジアで多くの人を殺し、最後爆弾で亡くなったというのです。

人類の歴史は戦争に明け暮れていましたので、軍人としての前世を見る人も少なくないのです。たとえ私たちが生きているときに意識に上らなくても、魂のどこかにその記憶は眠っているのです。

ただ、それらも全て過去のことです。そこに感情を投入する必要も執着する必要もありません。ただのひとつの経験です。

永遠に進化する「宇宙の脳」

フォーカス27には、いろいろなヒーリング・レベルがあります。それは、地球で蓄えてきたさまざまなストレスがあるからです。疲れた魂を癒し、再生させ、またこの世に戻る手伝いをしてくれる多くの知的生命体がいるのです。また、一人ひとりの魂と前の人生での行いについて話し合い、再教育を施《ほどこ》すため、家庭教師の役割をするガイドたちが少なくともひとりはついてくるとの説明でした。

また、宇宙の脳というものが存在し、これがあの宇宙図書館と呼ばれる存在の全貌なのではないかと思いました。おそらく、フォーカス27だけでなく、どの次元にも存在するものなのでしょう。そこには魂たちが蓄えた情報を持ち寄るので、地球の太古からの知恵がたくさんつまっているとの、ガイドらしきものからの情報でした。そして魂たちはここの情報を共有し、分け合って地球に戻ってくるようです。

そして、魂たちがまた地球からそれぞれの情報を持ち寄ってやって来るので、この脳は永遠に進化し続けるということになります。


セッションの中には、フォーカス27に行き、いったん現実の今いる次元、Ｃ１に戻り、さらに地球の核の部分、つまり１次元と一般にいわれるところに行き、またフォーカス27に戻る、という行きつ戻りつということをするものもあります。これは、フォーカスの違いを感じてもらうためと、そのフォーカスまで行く道を感覚で覚えてもらうというためです。

ここで、子どものように楽しんでやりたいことをリクエストしたり質問したり、と言われました。そう、「子どものように楽しむ」ことが大切なのです。子どものようになることで現世でのさまざまな信じ込みや観念をその場に置いて、身軽になって旅をすることができるのです。子どもの波動はとても軽やかで引っ掛かりがありません。高次元の波動となじむのです。

セッションに入り、まずフォーカス27のモンロー研究所にあるクリスタルを目指しました。そこには現実のクリスタルと変わらないクリスタルが存在します。

そしてしばらくすると、Ｃ１に戻る合図があり、今度は３次元のいつも私たちが見ている現実のモンロー研究所のクリスタルのところにエネルギー体で行きます。これもフォーカス27の

フォーカス27には、疲れた魂を癒す
ヒーリングセンターがある。

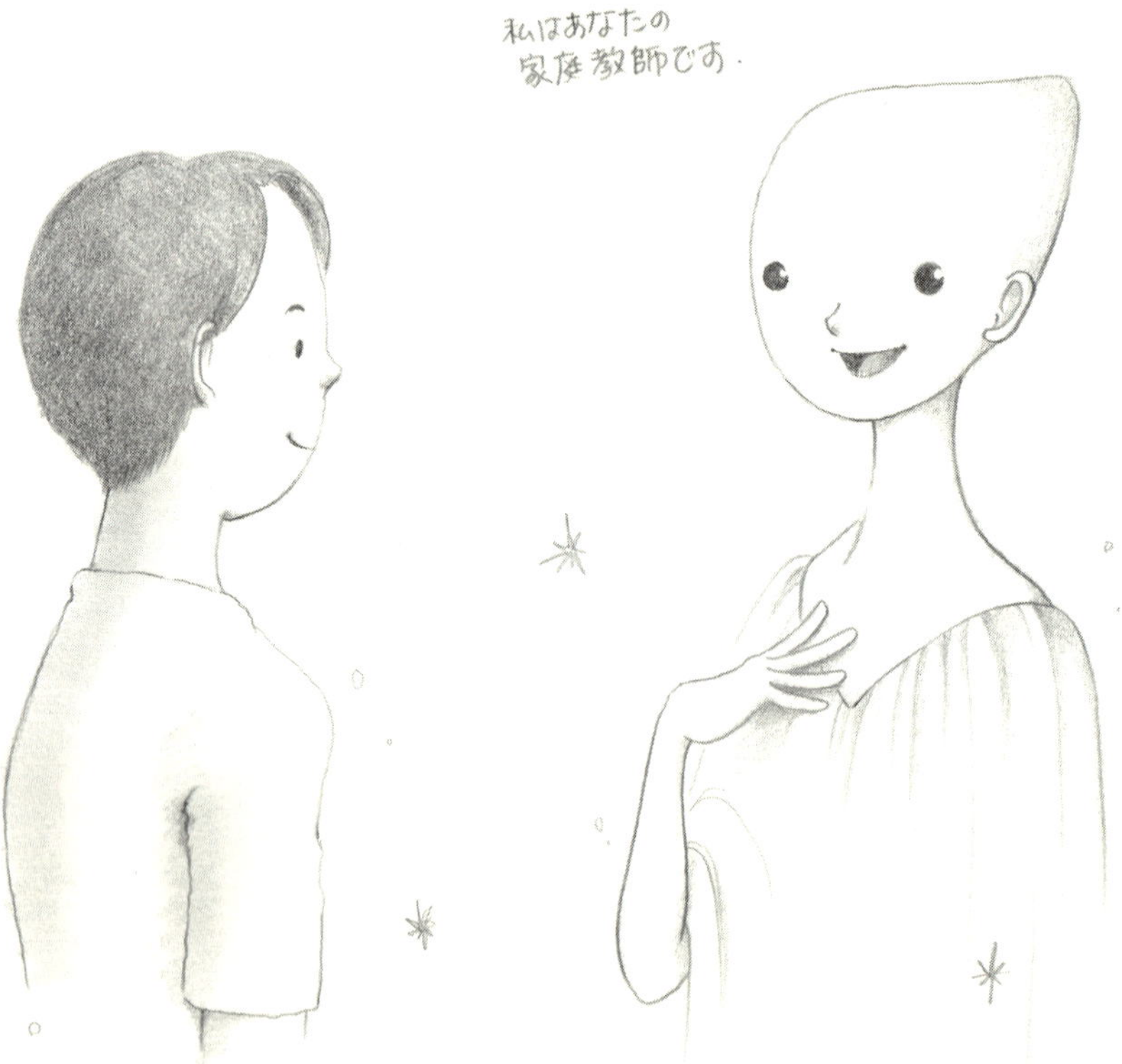

前生の行いについて話し合う家庭教師がつく。

魂たちが蓄えた情報を
持ち寄る「宇宙図書館」

クリスタルとさほど違いがあるようには見えませんでした。

さらに今度は、地球の核にあるクリスタルに向かいます。すると何やら甲高いキーンという波動が聞こえてきます。いや、あるいは耳で聞いているのではなく、身体全体あるいはエネルギー体全体で「感じて」いるのかもしれません。

地球の核はこんなにも私たちを暖かく見守り、育《はぐく》んでくれていたのだと、ハートが熱くなる思いでそのクリスタルに抱かれたのです。

フォーカス34、35で知的生命体がテレパシーを送ってきた

いよいよフォーカス34と35に向かいます。そこはとても静かなところで、たくさんのスピリットたちが私たちの来るのを待っていてくれているとのことでした。

ここでの目的は、フォーカス34、35のモンロー研究所の庭のクリスタルを訪れることと、地球の核とフォーカス27との行き来ができるように練習することです。

実際、ホップ、ステップ、ジャンプ！　という感じで、やっと最後のジャンプでフォーカス34と35に行くというガイダンスになっていました。ですから、やたらと何度も高いフォーカスに行っては引き戻されるということを繰り返さなければならない感じでした。でもそのくら

フォーカス　34、35
手を握ることは安心に繋がる

いしなければ、しっかりと高いフォーカスまでジャンプアップすることができないということなのでしょう。

果たして、行き着いた先フォーカス34、35は真っ暗な闇でした。必ず誰かがいると信じて、暗闇の宇宙へ誰かコンタクトしてくれるように呼びかけてみました。

すると、しばらくしてうとうととした、いわゆるクリックアウト（眠りのような深い瞑想意識状態。眠りに似ているが、眠りとは脳波の状態が異なるとの説明を受けました）の状態に入ったのです。

そしてそのクリックアウトの淵から上がってきたときに体験したものは次のようなものでした。

女の子が高いマンションのようなところの網戸をはずそうとして、落ちそうになったので、思わず手を伸ばし、彼女の手を握りました。そしてやっとの思いで引き上げたのです。

「そう、手を握ることは大切なのだ、安心に繋《つな》がる」とそこで気づき、私もガイドに私の手を握ってもらうように頼んだのです。すると自分の肉体の両手がとても温かくなっていくのを感じました。

その後、ふと気づくと目の前にたくさんの何かふわふわとした生きた物体が集まってきているのです。おそらく高次元のスピリットたちでしょう。

フォーカス34、35では、ボールのようなエネルギーをはることで、他の生物が近づいてくる。

そのひとつ（あるいはひとり）に勇気をもって声をかけてみました。すると、彼は「ついておいでよ！」とテレパシーを送ってくるのです。

私はちょっとためらいました。何か私は自分自身がその集団とは異なる存在で、彼らの仲間にそう簡単には入れない気がしたのです。そこで、「ついていって迷惑ではない？」と思わず地球的な、あるいは日本人的な遠慮の気持ちを示したのです。

すると、それらの物体はなんと、あっという間に目の前から去っていったのです！　ひとり取り残された私はただ呆然としてしまいました。

その後、きっと地球的あるいは日本人的な「遠慮する」という気持ちは彼らには通じなかったのかもしれない、あるいは行きたくないというふうにあっさりと受け止められてしまい、私の自由意志を尊重してさっさと行ってしまったのかもしれません。

それにしても、実にあっさりとしたシンプルな心理構造をもつ人々でした。まあ、本来生き物はこうあるべきなのかもしれません。私たちが変に自分の本音を隠したり偽ったりするために、私たちの社会はとても複雑になり、ストレスを抱えるようになってしまったのかもしれません。

ともかく、なんだかまるで置いてけぼりをくらった小さな子どものような自分の姿でした。

高次元では、リボールというボールのようなエネルギーでできたものを身体の周りにはることにより、他の生物がそれに魅了され近づいてくるとのことでした。それが愛のジェルのように彼らには映るのだそうです。

また、愛のエネルギーになじまない存在は近づいてきません。だから、しっかりとそのボールを作ることが大切なのです。

誰でも受け取れるエネルギーの情報

プログラムの最後に、特別なフォーカス12のCDを聴かせてくれました。

このプログラムでいろいろな体験をしたので、最後にヒーリングの意味を込めてハートのチャクラを思いっきり広げてみました。するとすごい勢いで大量のエネルギーが入り込んできて、あまりに大量すぎてちょっと痛いくらいでした。でも気持ちはとても楽な感じです。

ふと気づくと私は窓の外にいました。

そしてそこから部屋の中をのぞくと女の人がいます。どうやらモンロー研究所のスタッフの女性が部屋の中に座っているようです。一瞬「ええっ！」と声にならない声を上げました。私はまだ自分のハートを感じている、だけどはっきりと目の前の明らかに私が肉体から見ているはずのない風景を見ているのです。

これがバイロケーションという現象でした。

意識は肉体の中に残っているのに、肉体からは見られないようなはっきりとした映像が見えるのです。つまり、私のエネルギー体の一部が肉体の外に出ており、それが見た情報を受け取りつつ、肉体の情報も感じ取っているのです。

私たちの身体は目に見えている肉体だけではありません。

エーテル体、感情体、メンタル体、コーザル体とあり、一番外のエネルギー体は地球を超え宇宙にまで広がるほどなのです。

ただ、それらの身体が受け取っている情報に普段私たちはあまり敏感ではありません。無意識には受け取っていても、意識的にはなかなか受け取りづらいこともあります。

ですが、私のプログラムで、参加者がペアになり、お互いのオーラを感じてもらうという実験をしてもらうと、ほとんどの人が相手のオーラを感じることができ、また自分も自分のオーラフィールドにほかの人が入ってきたのを感じるのです。そして、お互いに感じるオーラフィールドの境目が共通しているのです。つまりそのことを通して、自分たちがオーラを感じていることに確信が得られるのです。

自分のオーラフィールドに誰かが入ると、集中している状態では自分以外のエネルギーの者が入ってきたことを、ほとんどの人は感じます。それはまるでクモがクモの巣を張り、その巣

私たちの体は 目に見えている
肉体だけではありません。

にえさである虫が入ってきたときの状態に似ているかもしれません。

相手のオーラを感じようとするほうも、手のひらで相手のオーラを何らかの感覚で感じることができます。

このように、実は私たちは常に自分の周りにセンサーを張り巡らせているのです。もともとはそれで誰が近づいてきたかさえ知ることができたのです。ところが、この混雑した忙しい世の中で、そんなに敏感だと生きていくのが難しくなることもあります。

特に満員電車や満員の映画館などだと、周りの人の存在だけでなく、ほかの人の感じている感情までも感じてしまい、自分のエネルギーが疲れ果ててしまう可能性もあります。

特に子どもやあるいは大人でも、そういった混雑したところに行くと必ず人酔いする人がいますが、そういった人はある意味でとても敏感な人だといえるでしょう。

私も子どものときは特にひどい敏感体質だったので、映画の公開日や混雑したイベントなどに行くと、決まって気分が悪くなって帰ってくるため、いつも母から「だから人ごみなんかに行くんじゃないって言ったじゃない、まったく懲りないんだから……」とよく言われていました。ですが、友達が行くというと自分もつい、体調を気にしなければならないことなど忘れて行ってしまうのです。

こういった人は、しっかりと自分のオーラにバリアを張る方法を学ぶ必要があります。また、人ごみに入るときにはオーラを自分に引き寄せることを覚えることも大切です。

ルームメイトは過去生でともにアメリカン・インディアンだった

このプログラムでの最大の素晴らしい出会いは、アメリカ人Lとの出会いでした。

私たちはこのプログラムで一緒の部屋をシェアするルームメイトでした。年齢は50歳になるとのことでしたが、とても若く40歳くらいにしか見えませんでした。もともと看護師でしたが、それから医者を目指し、見事医師免許をとったのです。

ところが、そんなに苦労してとった医師免許を、今のダイバーのご主人と出会ったことであっさりと手放し、今は他の州でカイロプラクティショナーをしているとのことでした。3歳と4歳の男の子を育てるママとしても活躍しています。

そんな彼女はとても面倒見がよく、私が時差ぼけで昼休みにベッドで寝ていると「チエ、そんなことしていたら時差ぼけは一向によくならないわよ、さあ出かけるわよ！」と連れ出してくれたり、ずっとセッションで横になっているので腰が痛くなったとき、私の腰をカイロプラクティックで治療してくれたりしました。ただし、施術する場所がなくて、皆が通る階段に横にさせられてしまいましたが……（苦笑）、そして「あなたは勇気あるわ！　こんなところに横になるなんて！」と感心されたり（というか彼女がそこに横になれと指示したんだけど……）。

そんな感じで私たちはとても気があった姉妹のようでした。

季節的に大量の虫が発生する時期で、部屋に多くのバッタがバッタバッタと遊んでいたときも、全部素手で捕まえてくれ、「コップいっぱいとれたわよ〜！」と楽しげに話していたこともありました。

そんな面倒見のよいやさしいLが私は大好きでした。きっと子どもたちも彼女の子どもで本当に幸せだろうと思いました。

ある日、私たちは何人かの参加者とともに、一緒のテーブルで食事をしていました。すると、彼女が話し始めるのです。

「私のふたりの息子のうちのひとりは養子なの。だけど、私たち夫婦はふたりの息子を同じようにとても愛しているのよ。そして、養子であることも息子がわかるようになってきたら詳しく話すつもりよ。最近では、少しずつ尋ねてくるの。『僕の本当のママはどこにいるの？』ってね。すると、『今は私たちもどこにいるかわからないのよ』と言うと『ふ〜ん』と言って、それで終わって息子も向こうに行くのよ。

実際私たちも本当にわからないの。養父母に本当の親の居どころをある時期までは教えないというのが決まりなのよ。そして、1回にひとつだけ話すようにしているの。そのほうが息子も負担が少ないだろうから。

私たちは、平等にふたりを扱うことに気を配っているわ。実際、ふたりはとても仲よしの兄弟よ。でもね、この前大変な出来事が起こったの。

（どちらが養子の息子さんなのかはわからなかったのですが）私が見てないすきに、息子のひとりがテーブルの食べ物を落としていたの。

『どういうこと？』って聞いたら、一方の息子が他方の息子のほうを指さしていたの。だから、『なぜそんなことするの!?』と指さされたほうの息子を叱ったの。

すると本当にびっくりした目で、叱られた息子が私のほうを見るから、『おかしい』と思い、指さした息子のほうを見ると、口に手を当てて『しまった！』って顔しているのよ。

そう、指さした息子のほうが実はやったのよ。それをもうひとりの息子のせいにしていたのね。私は自分が過ちをおかしたことに気づいてその場で泣き出してしまったの。もう後悔のどん底よ。なぜきちんと確かめずに叱ったりしたのかしら、ってね。

すると、間違って叱ってしまったほうの息子が小さな手で私の背中をなでながら言うの、『ママ、気にしないで、僕大丈夫だから』。私は、本当にだめな母親なのよ……」

とうつむいてしまいました。これまでに明るい彼女の顔しか見ていなかったので、私には少し驚きでした。

ところが、そんな彼女の横顔を見つめていると、ふと私はある瞬間にまるでフラッシュバックのように引き戻されたのでした。

それは、彼女がアメリカン・インディアンで、部族のみんなの前で話をしている姿でした。彼女の過去生である彼はいわゆるメディスン・マン、つまり薬草や儀式で病気を治療する者で、叡智と落ち着きに溢れ、皆に慕われる存在でした。

そして、そんな姿を見ている存在がいます。過去生の私です。私は彼の、年の離れた弟的な存在で、まだ14歳くらいの少年でしたが、いつか彼のようになるのだと彼を見つめながら思っているのです。そして、私は彼にとてもかわいがられ、愛されていることを感じていました。

すべては偶然ではない

スピリットとしての私たちは、さまざまな魂の生きていたときの記憶がくっついて、肉体に宿り、この世に生まれてきます。ですから、過去生の記憶は、私がガイドとしてついていた人が体験した記憶かもしれません。

しかし、ガイドもそのついている人間同様に感情を感じ、まるで自分のことのように記憶にインプットすることがあるようです。ですから、どちらが体験したものであってもさほど変わ

りはないのです。

私は、自分がLとルームメイトとなったことの意味を知りました。全ては偶然ではないのです。このプログラムに来たことも、彼女とルームメイトになったことも。

私は、一日そのことについて考え、味わっていました。次の日、彼女にその話を打ち明けてみました。そして、最後に付け加えたのです。

「私はそのときとても幸せそうだったわ、あなたの弟的な存在で。だから直感的に思ったの、あなたの息子さんたちも、そのときの私と同様、とても幸せなのだと」

すると、彼女の顔から笑みがこぼれ、「ありがとう」と言ってくれたのです。全ての出来事には、意味があるのですね。

第3章

アメリカ珍道中

最初の驚き——びっくりトイレ

アメリカは本当に「びっくり国！」だと、いつも驚かされます。モンロー研究所のあるアメリカ、ヴァージニアへの旅は実に長いのです。

乗り換え時間も含めて、およそ24時間かけて現地に向かいます。乗り換えのアトランタ空港に着いたころには、いつも疲れはピークに達しています。時差ぼけでぼーっとした頭を抱えながら、空港をうろうろしていると、ふとトイレに行きたくなりました。

アメリカのトイレの穴は、あちらの方のお出しになるもののサイズに合わせて、日本のものより大きく作られているというのを聞いたことがありますが、それにしてもドアにしても全てが大きく作られています。アメリカの方が日本のトイレを利用するときには、さぞかし狭くて小さくて不便に思うことでしょう。

しかし、何よりも驚いたのがトイレのドアでした。

日本のようにトイレの鍵を閉めると赤い表示が出て、中に人が入っていることを外の人がわかるようになっているのが当たり前だと思っていました。しかし、そこの空港のトイレのドアにはまったく表示されるものがないのです。じゃあ、どうやって中に入っているのを知るかって？

なんと、中に人がいるのが外から見えちゃうんです。もう一目瞭然で、確かにわかりやすいのですが、近づいてよく見ると、中のものはなんでも見えちゃいます！　もちろん、私はそんなことは試しませんでしたが、でもあれでは絶対に見えます！　恐らく、犯罪防止のためなのかもしれませんが、それにしても開きすぎです！

しかし、これは単に中を見せたいからというだけではなく、設計ミスもあるのではないかと思いました。ミスというより最初からあまりちゃんと作ろうとは思っていないのかもしれません。

私が用を足そうとトイレに入って間もなく、隣の人がバン！　と勢いよくドアを閉めたのです。すると、その勢いで私のトイレのドアがゆっくり開いていくではないですか!!　あれ～!!

幸い、まだ大丈夫だったので（何が～!?）、急いで閉めに行きましたが、焦りました～。もう、ほんと、信用できない!!　皆さん、アメリカでは安心してトイレに入っている場合ではないですよ～！　どこから見られているかわかりませんから～！（笑）

まさか本当にのぞく人がいるなんて思ってもいませんでしたが、どこからか奥さまがやってきて「May I help you?（大丈夫ですか？）」と話しかけてきます。

え～！　大丈夫、大丈夫！　っていうか、お願いだからのぞかないで～！　と思ったら、隣のトイレから「ええ、助けて！　ドアは簡単に開くから」と聞こえるではないですか。

どうやら隣のおばあさんがトイレにはまった、……いや、トイレから立てなくなったらしく、往生していたらしいのです。

まあ、こんなこともあるから、のぞけて簡単に開くトイレのドアであることも、役に立つのね、と思ったり。

とんでもないタクシードライバー

しかし、事件はそれだけではなかったのです。

モンロー研究所近くのシャーロットビル空港に着いたのは、夜中の12時近くでした。外は肌寒く、車もあまりいません。タクシーなんかいないよ〜困ったな〜と思いましたが、タクシー以外ホテルまで手段がないので、とりあえず待つことにしました。

ところが、そのうち寒さのためか、またまたトイレに行きたくなってしまったのです。「う〜、こんなときにぃ〜！」しかし、しばらくはタクシーも来そうにないので、やはりトイレへ、と思っていると、50歳くらいの白と紺の制服を着た、素敵なパイロットの紳士が声をかけてきたのです。

「お嬢さん（とは言わなかったかも……）、タクシーをお待ちですね。私がもしタクシードライバーを見つけたら、声を掛けて待たせておきましょう」と言ってくださるではないですか！これはお言葉に甘えるしかない！　と思い、お願いして急いでトイレへ。

すっきりとしてトイレから出ると、大きな黒人の強面《こわもて》の男性が、のっしのっしと歩いてきました。

「お前か？　タクシー待ってるって奴は？」私は、ちょっと慄《おのの》きながら「ええ……」すると、「ったくよお、お前、も少し待たせてたら置いてくとこだったぜー」と、柄の悪そうなドライバー……。

そして、仕方なく彼の後についていくと、タクシーに乗るのかと思いきや、「お前ひとり乗せるんじゃ、勿体《もったい》ねえ。誰かほかの奴らも2、3人連れてくるぜ」と言って消えていきました。はあ？　相乗り？　もしかしてこれは白タクかー!?　しかし、タクシーにはきちんと会社名らしきものが書かれています。

しばらくすると、白人青年がタクシーのドアの外に立っていたのです。「もしかして、乗るの？」と声をかけると、「うん」と返事をして、反対側のドアから乗りました。そして間もなくその柄の悪いドライバーも乗ってきました。

「お前ら、どこ行くんだよー？」白人青年は、弟の家の住所を教えました。私は今夜泊まる予定のホテルの名前を告げました。すると、彼のほうを指して、「お前は20分程度で着く」そして、私のほうを指して「お前はその後さらに18分程度かかる」。そして、車は出発しました。

道中隣に座った白人青年と話をしていました。そこで、彼が弟の結婚式のためにこの街にやってきたこと、この街に来るのは2回目だということ、彼は大学で講師としてコンピューター技術を教えていることなどがわかりました。

そのように話をしていると、15分くらい経ったころに、突然左に私のホテルの看板が見えたのです。

あれ？　意外にすぐ着いた！　と驚きました。ですが、ドライバーは車をとめようとはしません。気づいてないのかしら、と思って、「あれ、あれだよ、私のホテル！」

するとドライバーは、「ちぇ、ったく……」と言いながら、しぶしぶいきなり左折してホテルに入るのです。

なんと、彼は私のホテルがすぐ近くだと知っていながら、30分以上かかるとうそをついたのです。私が外国人で、だまされやすそうだったから？　それとも、タクシーを待たせてトイレに行っていたから？……たぶん前者でしょう。

私は動揺しつつも、まだアメリカに着いたばかり。最初から嫌な気分にはなりたくなかったので、お決まりどおりチップも渡し、「ありがとう」と言って車を降りました。すると、彼はアメリカでは珍しく、ホテルのドアまで開けてくれたのです。よほど罪悪感にかられたのでしょう。

まあ、これを機に、彼がまっとうな道を進んでくれれば、それでよしとしようと思いました。

また、請求したのはモンロー研究所があらかじめ教えてくれていた料金とほぼ同額だったので、相乗りといえども、金額まではごまかさなかったようですし。

そんなこんなで、その日はやっとベッドにつくことができました。

モンロー研究所の運転手マイク

明くる朝、約束の時間にフロントに行くと、モンロー研究所の運転手のマイクがいつもの笑顔で待っていてくれました。彼はいつもひょうきんで、彼の顔を見るとほっとします。

そして、今回は80歳くらいの男性が一緒でした。

彼は右手を差し出し握手を求め、「僕を覚えているかい？」と言うのです。は？　と一瞬思考が止まりました。まったく覚えがありません。

「僕は君を知っているよ。昨日、アトランタ空港にいただろう？　そのときわかったんだ、君もモンロー研究所に行くんだってね。だって僕のガイドがそう言ってたもの」

私は、まだよく状況がつかめていませんでした。

「よほど声をかけようかと思ったんだけど、声をかけて変な奴だと思われて、ひっぱたかれでもしたらやだなあと思ってさ。それで声はかけなかったんだけどね」

と言い、大声で笑いました。

その瞬間、「あー！」と思わず声を上げました。彼のシャツに見覚えがあります。彼の顔はまったく覚えていませんが、印象的なシャツを着ていたので覚えていたのです。

そして、私は空港ではもう、眠たくて、眠たくて、椅子のところでずっとうたたねをしており、たまに目を開けてはまた眠るという感じだったので、目を開けたときにはすごい目をしていたのでしょう……あ～あ。

彼はとてもフレンドリーで、モンロー研究所への道すがら、いろいろな話題に会話は弾んだのでした。

深夜スピリット体が近づいてきた！

さて、行きにそれだけのことが起こったのですから、帰りも無事に帰れるわけがありません。帰りも同じようにマイクにホテルまで送ってもらい、フロントでチェックインしました。

「明日は朝6時の飛行機に乗りたいので、朝3時半にはここを出たいのだけれども、チェックアウトは大丈夫かしら？」と尋ねると、フロントの黒人のお姉さんが「だ〜いじょうぶよ、任せておいて」と太鼓判を押してくれました。

プログラムを終えたばかりの私は、まだ少しふわふわと身体が浮いているような感じが残っており、早めにベッドに入ることにしました。ですが、明日は夜中の2時半に起床です。いったんベッドに入っても、きちんと起きられるか不安で、再度目覚ましをチェックしました。

「ん〜でもまだ寝付けない〜！」そう思った私は、しばらくテレビを見ることにしました。何か映画でもやっていないかしら……でも今夜はさほど面白い番組もなさそうです。テレビを消して、とりあえず横になってみました。

しばらくすると、どうやらいつの間にかスタンドの明かりをつけたまま、軽く眠っていた自分に気づきました。

そして、うとうとしながらあたりをなんとなくうかがっていると、自分の身体が動かなくなっているのに気づきました。まあ、いいか、と思ってそのままにしていると、バスルームから何やら男性の人影が出てくるのです。

「ええっ、人の部屋で何しているの？」と思いましたが、すぐに人間ではなくスピリット体だと気づいて、それなら仕方がないか、とほっとしていると、彼は私の左横に立ったのです。

「う〜ん、このままだと眠りにくいではないか……」と思い、身体が動くようになってから、

「ここは私の部屋よ、出て行って！」と大声で言いました。

するとすぐに気配はなくなりました。これでゆっくり眠れるゾー！

しかし、すぐに、隣のカップルがドアを開けて飛び出てくる音がしました。どうやら私の大声に驚いて、出てきたらしいのです。どうも、お騒がせしました～（苦笑）。

チェックアウトにも一苦労

そんなこんなで、夜はふけ、時間どおり目を覚ましました。さあ、フロントへ……と思って向かうと、ん？　なにー!?　フロントのスペースに鍵がかかっているのです。

実はこのホテル、客室とフロントとの間がドアで仕切られていて、フロントと客室は独立した建物のようになっているのです。ドアが開かないー！

私は焦りました。

すでに宿泊費はチェックイン時に支払っているので、このまま私が帰っても、ホテル側には問題はないかと思いますが、私はタクシーを呼ばなければ空港まで行けません。この辺のタクシー会社なんて知らないし、通りでタクシーがつかまるほどこの街は栄えてはいません。

どうしよう……私はフロントのある建物の窓という窓をたたきました。しかし、なんの応答もありません。このままだと、本当に日本に帰れないー!!　そう思った私は、隣のホテルまで助けを求めるために歩くことにしました。

そして、自分の泊まっていたホテルの客室の建物の裏を通って、そのホテルまで行こうと歩いていたら、20歳くらいの男性が立っているのが目に入りました。

「あなたは、ここのお客さん？」と尋ねると、彼は「いや、スタッフさ」。なに〜！　じゃあ、私が捜し求めていたのはあなたねー！

もう興奮は絶頂でしたが、あえて自分を落ち着かせ「私はずっとフロントのドアをたたいていたのよ。タクシーをすぐに呼ばないと、空港に行けないわ」と言うと、「あ、そう」と落ち着き払って、携帯電話からタクシー会社に連絡しました。そして「来るってさ」と言ってそのまま去っていきました。……残された私は、ただもう呆然です。

一言も謝るでもなく、本当に無表情の彼にただただ呆れるばかり。時間が経つと次第に怒りもこみ上げてきます。

まったくもう！　そして、タクシーを先ほどのフロントの前で待っていたのです。するとふと手に持っている、部屋のカードキーに気がついたのです。こんなの日本に持って帰ってもなんだから、返してあげよう。

そして、どうせ開かないであろうドアの隙間からカードを入れようとしたとき、いきなりドアが開いたのです。「ええっ⁉」驚いたことに、先ほどの彼がフロントに立っていました。そして、私がキーを持っていくのを待っているのです。私はフロントにキーを置くとさっさとそこを後にしました。

しばらくしてから、他の用事があるのを思い出し、フロントのドアをたたいてみましたが、もう開くどころか、誰も出てきませんでした。さっき私がフロントを後にしてから1分ほどしか経っていないというのに。

どこかにカメラがしかけてあって、重要そうな用事の人だけを入れるようにしているのでしょうか。それとも、彼は実は人間ではなかったのでしょうか、スピリットか宇宙人か？

もし、後者だとすると、彼らも今どきは携帯電話を使用するのです。

日本に帰って、この一連の珍道中を、モンロー研究所関連著書をお書きになった某S氏に報告すると、

「あ〜そうだね〜、アメリカってところは（笑）。だから僕はいつなんどきでも何が起こってもよいように、次の手を常に考えているんだよ〜。例えばさ〜飛行機が飛ばなくなったら、隣の州までレンタカーで走ってそこから飛行機に乗るとかね〜」

と驚く様子もない。さ、さすが〜。す、すごい！　そこまで考えているのか〜！

私は、当分アメリカの田舎には住めそうにありません。

第4章

宇宙の旅へ

地球の核、フォーカス49の探究

非肉体的存在との交信

このコースはまだできて間もないプログラムで、私が参加したのは3回目の開催時でした。ここでは、地球レベルの次元を超え、宇宙への旅を行っていきます。あまりに専門的な情報が出てくるので、最初少し戸惑いました。

ここでのフォーカスはミラノンというスピリットの存在が教えてくれたものだそうです。スターゲートを通って、銀河の核に行きます。

１９７２年、トレーナーのＦはふたりの非肉体的存在にあいました。彼らはＵＦＯ（未確認飛行物体）に乗ってやってきました。そのときに、そこからヒントを得て、このコースを作ったのだそうです。

おとめ座銀河系は今私たちの属している一番大きなクラスターで、現在、２００兆ものおとめ座銀河系のような大きな銀河系の存在が確認されているのだそうです。

このプログラムでは、さまざまな宇宙を訪ね、そこにいる存在、つまり非肉体的存在とコミュニケーションを図ることになるのです。

コミュニケーションの方法はそれぞれの存在集団で異なるため、その方法はたくさんあり、

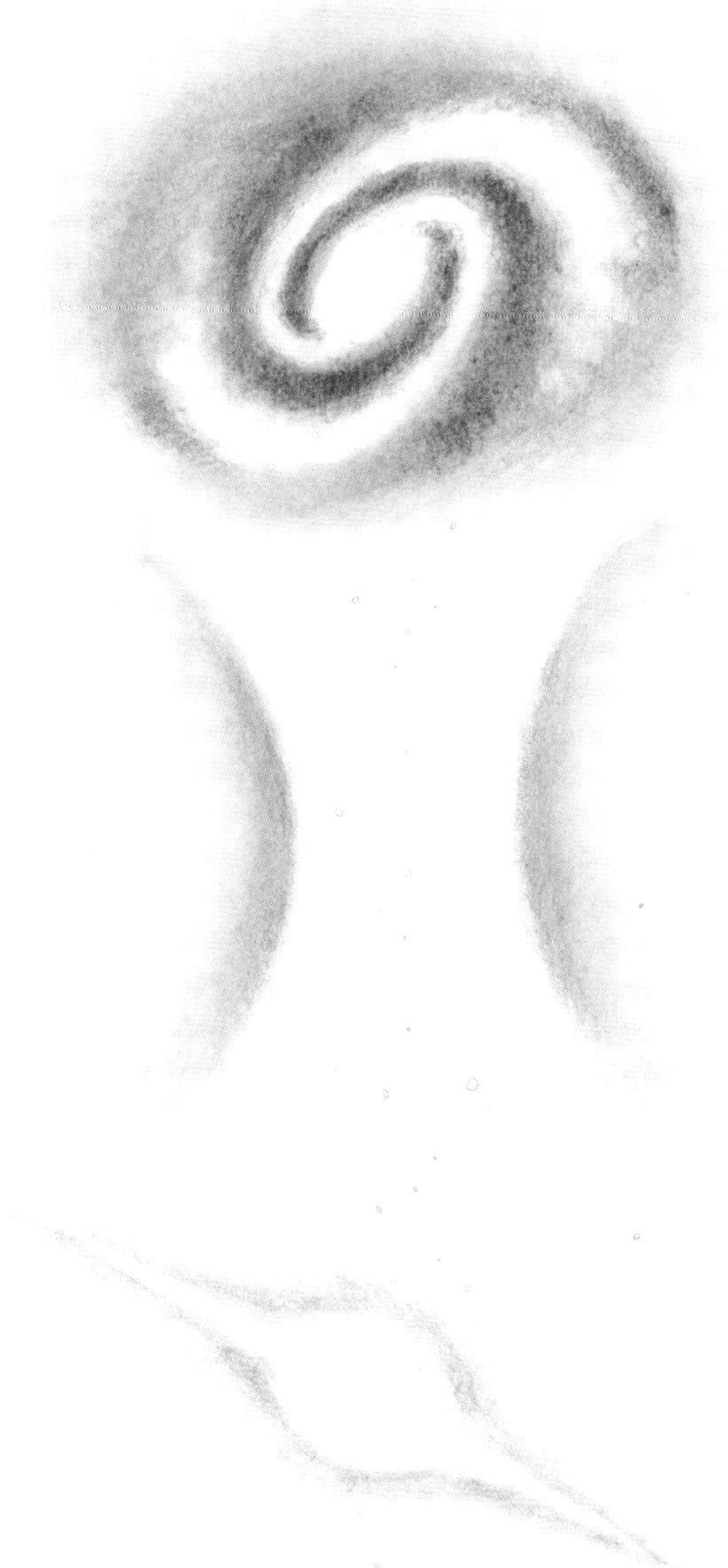

宇宙の旅　　銀河の核へ

中にはわかりにくいものもあるとのことでした。

これから探索するテリトリーの波動を感じるために、惑星のイメージを音にしたものを皆で聴きながら、それぞれの惑星のスライドを見ていきました。さまざまな惑星が紹介されていきます。いわゆる、水金地火木《すいきんちかもく》……といった、中学校のときに覚えたものから、地球から遠くにある惑星までさまざまなスライドが出てきます。

このプログラムでは、実に、スライドや宇宙の映像を見る講義がとても長く続きました。ちょっと映像講義が続きすぎて、満腹すぎる感もありましたが、きっとさまざまなところからこれらの資料を集めてきたのだろうと思われ、トレーナーFのこのプログラム製作への意気込みが感じられました。

セントラル・サン（創造主の光）のエネルギーをもらう

まず、フォーカス10から21の復習をします。

準備のために、惑星のビデオを見ました。星々はまるで私たちの体内のようです。星が細胞に見えてきます。また、星同士がまるで生きているかのようにエネルギーを交換し合い、コミュニケーションをとっているように感じられました。このような天体のマクロな世界にせよ、

星同士は　まるで生きている様に
エネルギーを交換し合う

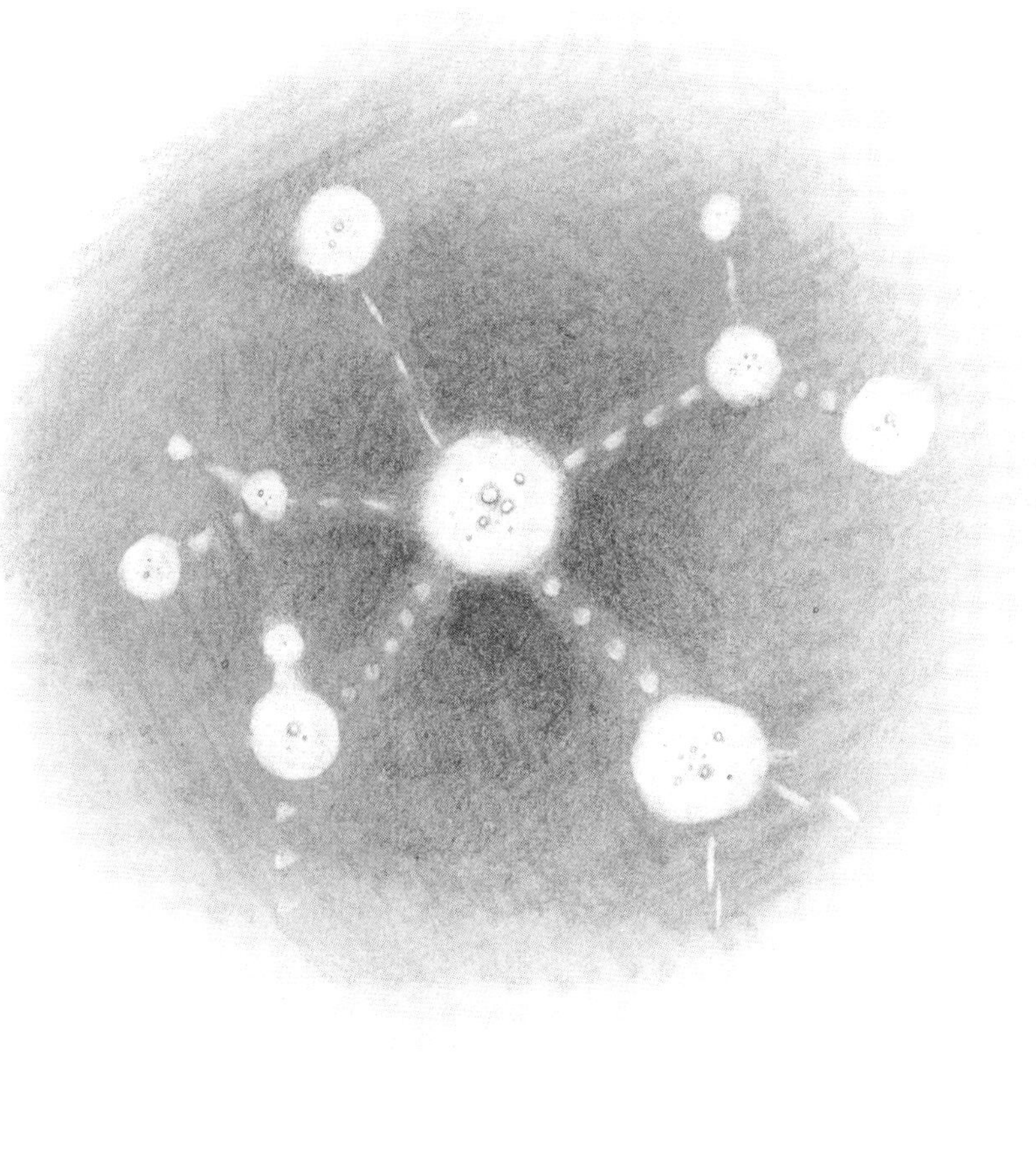

体内の細胞同士のミクロの世界にせよ、全ては同じなのだと思いました。

フォーカス27に行って、クリスタルを見つけてくるというセッションでは、3次元のダイニングルームにあらかじめクリスタルを置いておき、それをフォーカス27の同じ場所、ダイニングルームにあるかを確かめてくるのです。

すぐに行って確かめてみました。確かにフォーカス27にも同じクリスタルはありました。さて、あまった時間で何をしようと思い、とりあえずセントラル・サン（創造主の光）の中に入り、そのエネルギーの一部を第3の目から入れ、ハートのチャクラまで届けると、素晴らしく大きくハートが広がるのを感じました。なんと気持ちのよいことでしょう！

そして、思ったのです。これは果たして自分が移動しているのだろうかと。

つまり、実は空間というのは私たちの幻想にすぎないのだから、いつもセントラル・サンと自分が重なっていてもよいのではないかと。

自分が行きたいところに行くのではなく、自分が行きたいところを引き寄せればよいのではないかと思ったのです。そのほうが効率的に移動（？）できそうな気がし、実際試してみるとすばやく風景が移り変わるのです。

セントラル・サン（創造主の光）のエネルギーを
ハートのチャクラに入れたら、ハートが大きく広がった！

ついに宇宙人に出会う

フォーカス35のセッションとなりました。

そろそろ宇宙的な生命体と出会いたいなーと思っていると、突如、左のほうに人の気配を感じました。

振り向いてみると、そこに土気色をした小さな人がいるのです。いや、人というより、まるでE.T.のように頭が大きく、頭から下の体が小さいのです。でも彼はとても友好的で、友達として接してきているのがわかるのです。まるで私のことをずっと前から知っているかのようでした。

私は彼に誘われるままに彼の後をついていきました。

途中で記憶が途切れ、気がつくと素晴らしい西洋風のガーデニングがなされた庭にたどり着きました。途中で記憶が途切れたのは、ワープしたせいでしょうか、それとも私に道を覚えられたらこまるからでしょうか。

気づくと、さらに庭から白い西洋風の建物の廊下に移動していました。そして大きな白いカーテンが風にゆれています。そのカーテンのゆれがおさまると、目の前に先ほどの生命体が立

フォーカス35で、宇宙人と出会う

っていたのです。

彼としばらく会話を楽しんでいました。でもそれ以上に私の印象に残ったのは、永遠にまぶしい太陽の光のもとに広がる美しい色とりどりの花々のあるガーデンでした。

光は本当にまぶしいのです。これは地球の私たちの風景と全く変わりませんでした。一体ここは地球からどのくらいはなれているのでしょうか。まだ、私は同じ銀河系内にいるのでしょうか……。

女性ばかりの知的生命体

フォーカス42でも知的生命体は現れました。

今度は、確実に女性のようです。もしかして、この人たちの集団には女性しか存在しないのでは、と、ふと思い、「子どもはどうやって作っていますか」と尋ねてみると、急に彼女が左右両方に分裂し始め、彼女のコピーが2人現れ、彼女が3人になってしまいました。

地球の生物にも近年、異常が見られるものがあり、例えば貝の一種にはほとんどがメス化しているというものもあるそうです。その原因は、船に塗られる錆どめの塗料が海の環境を汚染しているためなのだそうで、環境が悪くなり、生命が脅かされるようになると、遺伝子的に弱

フォーカス 42で、
女性の知的生命体が現れた

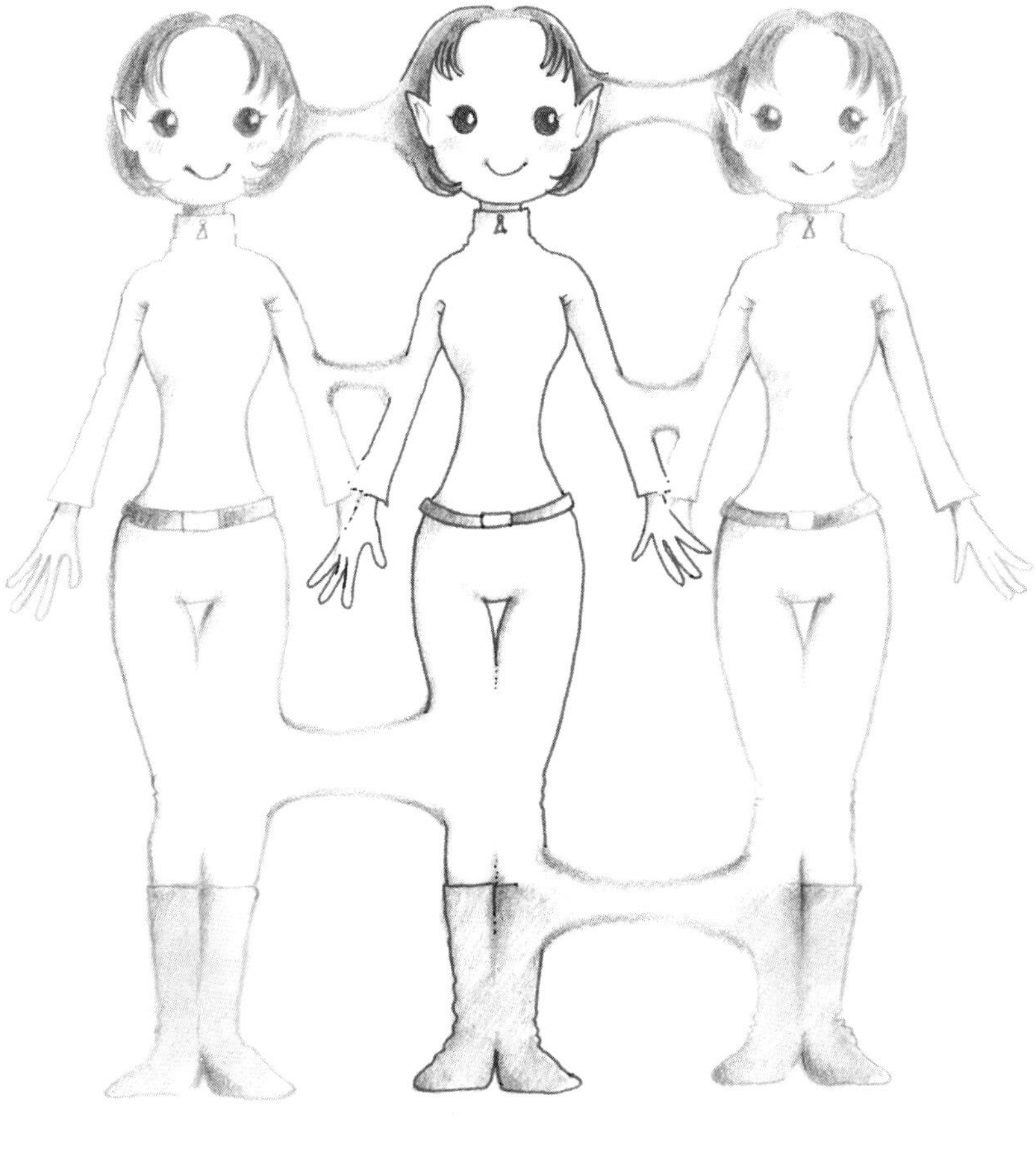

いオスは姿を消し、メスだけが残っていく。そうすると、子孫をメスだけで残す方法を編み出さなくてはならないということが起こってくるのかもしれません。実際、人間の男児死亡率も女児に比べ高いのです（もちろん、近年は医療の進化で、男児の死亡率も低くはなりましたが）。

人間もいつか、「アマゾネス」（ギリシア神話にある女性だけの部族）のように女性だけが残っていくのでしょうか……。そのときは、フォーカス42の彼女のように自分を分裂させて、仲間を増やしていくのでしょうか……。

地球の核へ

いよいよ最後のフォーカスである49に行きました。

そこでは、地球の核に行ってみました。地球の表面から、核へとものすごいスピードで進んでいきます。核に近づくにつれ、体感の暖かさが増していきます。

そして、突然、暗い中に光が照っているのを感じました。その中に躊躇《ちゅうちょ》することなく、私は入っていきます。すると自分が地球の中心に入ったことを感じました。そして、地球がとても温かく私を迎えてくれるのです。

フォーカス49で、地球の核へ

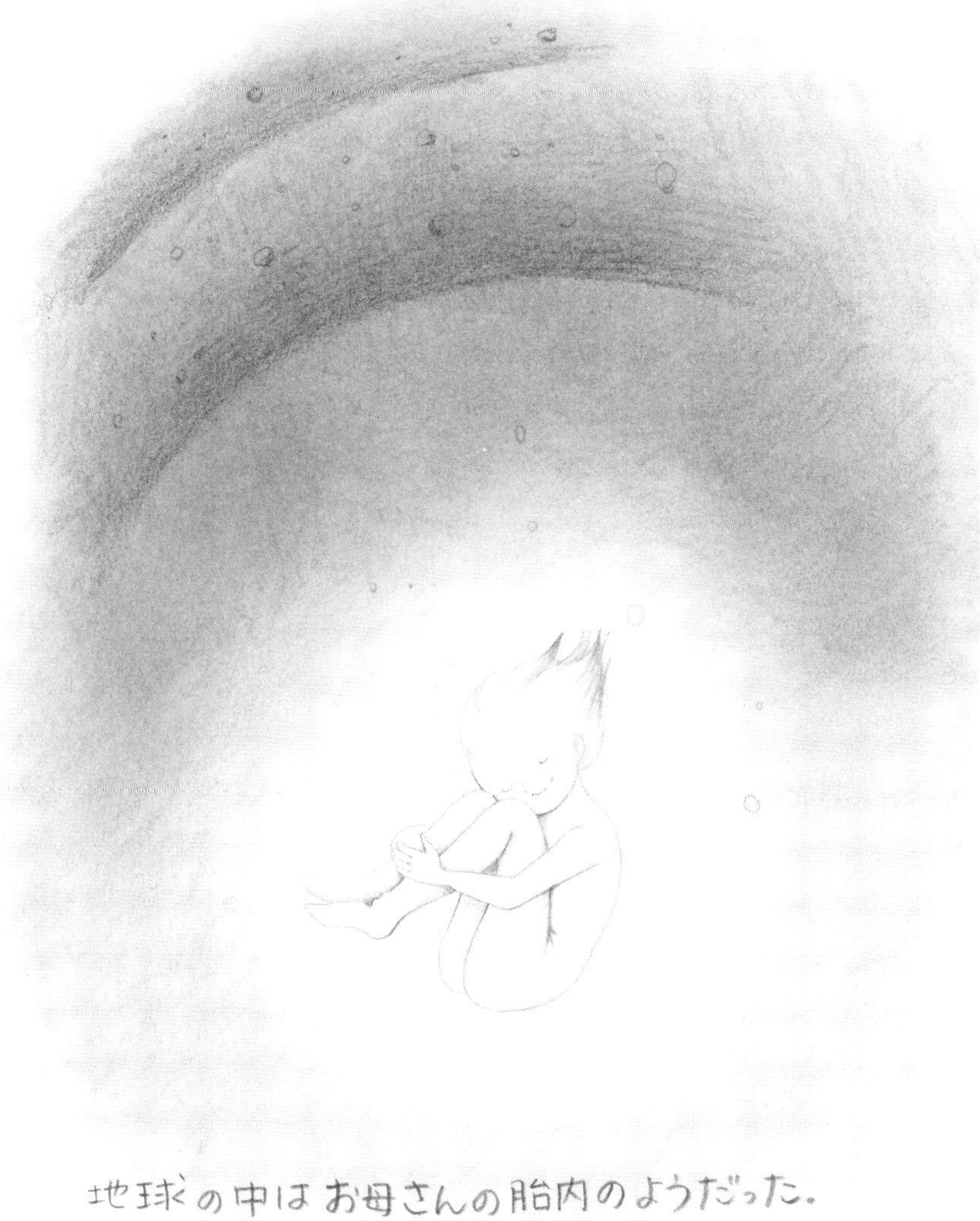

地球の中はお母さんの胎内のようだった。

透明で、暖かな地球の核は、「ずっと待っていましたよ」というメッセージを送ってくれているようでした。

私たち人間を愛情深くずっと見守り育ててきてくれたのです。「母なる大地」といいますが、本当に地球の中は母親の胎内のようでした。

一緒に参加していたクリスという青年は、いつも各フォーカスにたどり着くとドラムをたたいて自分への合図にしているのだそうです。今回、フォーカス49にたどり着いたときも、いつものようにドラムをたたきました。すると、一緒に参加していたドイツ人のピーターが現れたので、そこから手をつないで一緒に旅に出かけたのだそうです。

果たして、セッションから戻ってきてそのことをシェアリングで皆の前で話していると、ピーターが驚いた顔をしてクリスを指差しています。そして叫んだのです。

「俺も覚えているぞ！　お前がドラムをたたいていて、その後一緒に手をつないだことを!!」

そして、互いに抱き合ったのです。彼ら同様、参加者全員驚き、その出来事に大喜びです！

ふたりは確実に体験を共有していたのです！

とても忙しいプログラムでしたが、たくさんの光を見て、高次元の愛を受け止めた体験となりました。

第5章

創造性の探究&透視セッション

ハートと創造のエネルギーの関係

今回は、特別に2日間のプログラムが開かれました。このプログラムはモンロー研究所初の試みだそうです。創造のエネルギーを広げ、芸術性を引き出すという趣旨です。

トレーナーは、あの世界的に有名なヒーラーであり、NASAに勤めていた物理学者でもあるバーバラ・アン・ブレナンの学校にも通っていたという女性でした。とてもやわらかな雰囲気の彼女は、オープニングで「自由に芸術活動をしてください」と言ってくれました。

私は、絵を描くことや音楽が大好きなので、とても楽しみでした。

参加者のほとんどは、まだ入門コースであるゲートウェイ・ヴォエイジでさえ受けたことがない人たちがほとんどでしたので、プログラムではあえてツールなどへミシンク・プログラムについての基礎的な知識はあまり伝えられませんでした。

参加者のメンバーを見ると、皆とても芸術活動が好きそうです。写真を抱えている人もいます。ニューヨークから来たというファッショナブルなセンスの若い女性もいます。およそこの田舎のモンロー研究所では今まで出会ったことがないような都会的な感じでした。

「どうやってモンロー研究所を知ったの？」

私は好奇心からニューヨークから来た彼女に尋ねてみました。すると、

「うん、前からインターネットで知ってて、行きたいとは思っていたんだけどね。でもなかなかチャンスがなくって。で、この2日間のコースを見つけて応募したってわけ」

しかし、今度は逆に私が尋ねられました。

「ところであなたこそ、なぜわざわざ日本から？　日本でどうやってこのモンロー研究所を知ったの？」

「ロバート・モンローの本はずっと前に訳本が出されていたの。だからそれを読んだりして興味があったのよ。でも今では、私や、私の知り合いの人たちがモンロー研究所について、日本の人たちに紹介しているから、もっと多くの人たちが知るようになったわ。今ではここに来る日本人も珍しくはないのよ」

と私は答えました。

するとと、なぜだか彼女は少し怪訝《けげん》そうな顔をしました。こんな田舎のモンロー研究所が日本人にそんなに知られているとは、にわかに信じがたかったのでしょう。

このプログラムでは、ヘミシンクを聴くより制作活動のほうが主なので、あまりヘミシンクを聴くセッションはありません。数少ないチャンスを逃さないようにしっかり聴こう、と心に決めて、チェック・ユニットに入りました。

ヘッドフォンから聴こえてくるのは、やわらかな女性のガイダンスです。ゆったりとリラックスしてセッションに入っていきます。そしてそのガイダンスの合間にはヘミシンク音の雑音が聴こえます。

聴いていると、ふとこのセッションのフォーカスの説明がなかったことに気づきました。一体これはフォーカスいくつなのだろう、そう思ったとたん、ふっと浮かんだのが、「18」という数字でした。

そうだ、フォーカス18に違いない！　フォーカス18といえば、ハートの癒しのレベルです。フォーカス18についてはまた後ほど詳しくご説明します。

無条件の愛の波動に包まれる

そこで、両耳から聴こえてくるヘミシンク音を身体の中に意図的に取り入れるようにしました。頭の中に、そして首、肩に最後にハートの中に届けました。すると、信じられないことが起こったのです！

なんと、ハートの中に届いたヘミシンク音の振動は、私のハートのチャクラの表面から3㎝くらい中の部分の核のようなところを刺激し、なんとも言いがたい幸福感に満たされていった

フォーカス18　ハートの癒しのレベル

ヘミシンク音を身体の中へ。
全ての疲れが癒され、心が満たされていく。

のです。

それは、高次元に上がり、素晴らしく高い波動、つまり無条件の愛の波動の中にいたときと同じ感じです。

全ての疲れが洗い流され、私の心が満たされていくのを感じました。それは、これまでに感じたことがあるようにも、新しいもののようにも思えました。大好きな人とハグしている状態かもしれません。小さいときに母親に抱きついたときの感覚かもしれません。いや、あるいはそれ以上のハートの心地よさかもしれません。

そうしてしばらくその感じを堪能した後、よいことを思いつきました。これをハートだけでなく、それぞれのチャクラに送ってみたらどうだろうかと。下のほうのチャクラからそれぞれ送ってみましたが、ハートのチャクラほどよい感覚は得られませんでした。

ところが最後に、頭の中心の松果体に当たる部分に送ってみると、自分の感覚が広がっていくのがわかります。混沌とした感じで、その中で自分のエネルギーがぐんぐん広がっていきます。エネルギーを広げるというのは、一般に人にとってとても心地よい感覚です。

それは、肉体でいうと、縮こまっていた身体から伸びをする状態ともいえます。

私たちは身体の回りにオーラというエネルギー・フィールドを持っています。これはいくつかの種類があり、それらが層になって分かれています。

ヘミシンク音を松果体に送ってみたら、
エネルギーがぐんぐん広がった！

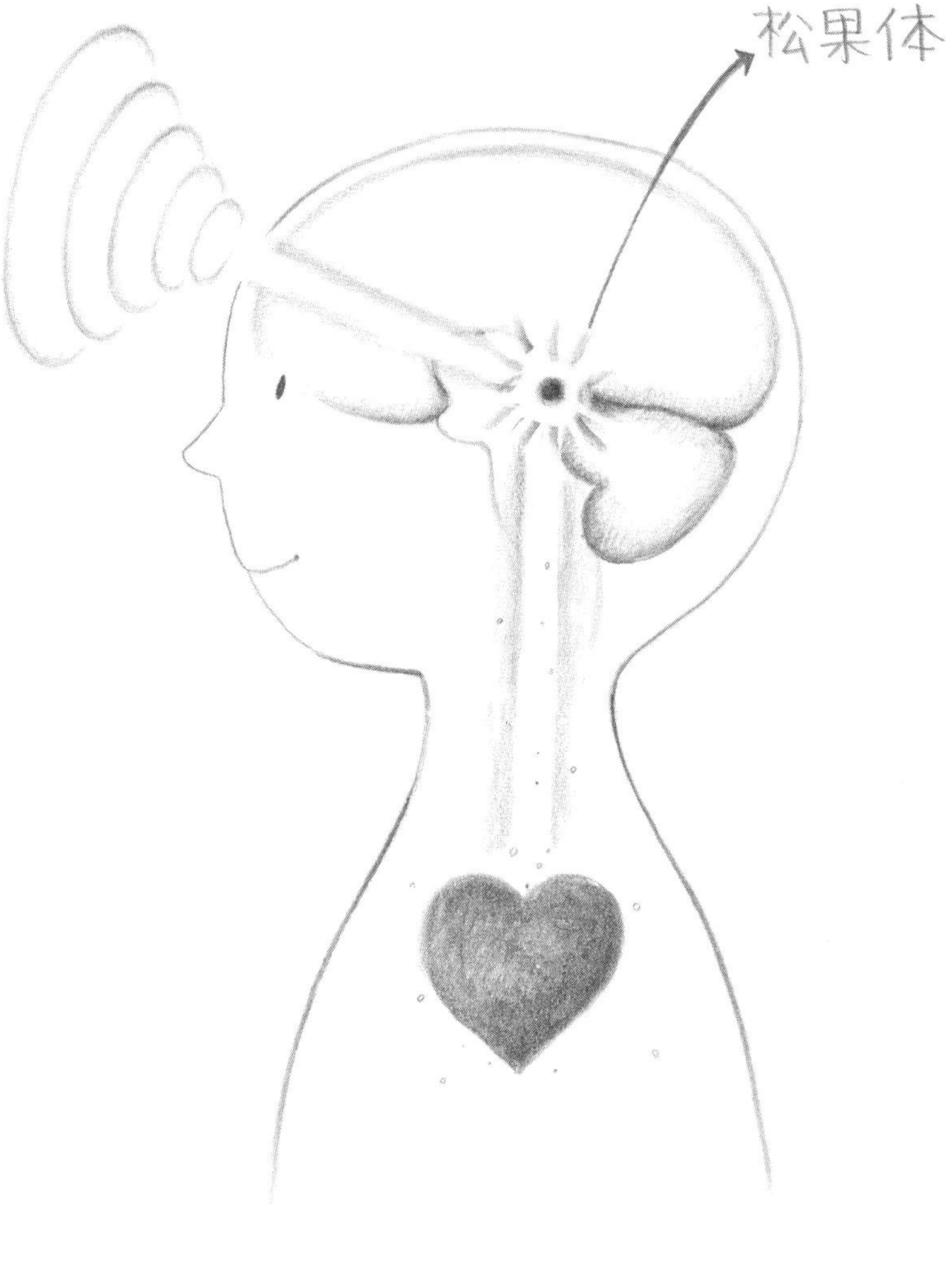

通常、私たちが「オーラ」と呼んでいる層は身体から半径1・5mくらいのところにあります。しかし、これは人によってかなり大きさや濃さが異なるのです。

人ごみや都会では、自分のエネルギー的なスペースが小さいので、私たちは無意識にオーラを小さくして過ごしています。さもないと、例えば電車の中ですぐに隣の人とオーラ同士が重なってしまい、隣の疲れたサラリーマンの感情を自分のオーラに取り込み、なんだかわからないけど疲れたという感覚を得てしまいかねないのです。

実際、オーラが薄く広がり気味な人もおり、こういった人はとても人酔いしやすかったり疲れやすかったりします。しかし、いつもオーラを小さくしたままだと、肉体でいうと血管が収縮しっぱなしで、肩は凝り、窮屈でしかたがありません。オーラもそれと同じ状況になるのです。

ですから、ときに人は田舎に行って休養をとったりして、安全な緑の中でいっぱいにオーラを広げようとするのです。

曼荼羅の世界

さて、このセッションが終わると、私たちにはひとつのテーマが与えられました。それは、曼茶羅《まんだら》を描くというものでした。どんな道具を使ってもかまいません。まず、さまざまな曼茶羅をスライドで見せてくれました。古典的な西洋のもの、東洋的なもの、中東的なもの、モダンで斬新なもの、植物をモチーフにしたもの、人をモチーフにしたもの……。

とにかく作ろうと思えば、あらゆるものから曼茶羅を作ることは可能なのだと思いました。それは、いわば万華鏡《まんげきょう》のようなものです。子どものときに初めて手に取ったときに、そのアイディアにとても感動したのを覚えています。

中に何を入れようと、万華鏡はその多面的に構成した鏡により、上からのぞくと統制され、まとまった、ひとつのパターンの絵柄として描き出されるのです。

私は、色紙を使ったものを作ることにしました。色紙をまるく切り取り、さらに中を同じ対称の模様になるようにさらに切り抜くのです。これは意外にもアメリカ人に受けました。

色紙に親しんでいる日本人は、保育園や幼稚園に通うと大抵こういったことは覚えるものですが、彼らにはとても斬新なのでしょう。

さて、メンバーの中には、言われたことと異なることをしていた人たちも何人かいました。さすが個人主義の国、アメリカです。私が曼茶羅を作っている姿をデッサンしていた人が、最後に私に言いました。「君はとても速く動きすぎるので、最も描きにくかったよ」。

私は、あまり自分の動くスピードというのを意識したことがなかったのですが、言われてみると確かにそうかもしれません。といっても、速いけどのんびりしている、という矛盾したところもありますが。

生命の原点は曼荼羅にあり

さて、このコースは芸術を楽しむコースなので、次のセッションでは、もっとどんどんビジョンを見てみようと思い、第6チャクラに光のエネルギーを入れてみました。

すると、素晴らしい光の曼荼羅が見えてきたのです。それは、見ているとさらに複雑な曼荼羅になり、最後はいわゆるフラワーオブライフ（古代の神聖な図形で、森羅万象が内包されている）といわれる均整のとれた、まるで花のような曼荼羅になっていきました。

これが、その名の通り、私たちの生命の原点であり、高次元に行くとエネルギーが構成する形なのです。

その後も、さまざまなビジョンが現れました。私は緑の草の中をのぞいていました。すると、人魚のようなやわらかい女性性をもつ光の存在が通り抜けて行きます。そのたおやかな優しい感じは、とても心を落ち着かせ安心感をもたらしてくれました。

次の制作時間には、今度は外に出て、落ち葉を拾ってみました。モンロー研究所の周りにはたくさんの葉が落ちていました。かえでのようなものや丸い葉っぱ、小枝なんかもかわいらしいと思い、いろいろかき集めてきました。そして、画用紙の上にそれらをまずは並べてみました。でも葉っぱや小枝だけではなんだかひねりがありません。

そこで思いついたのが、日本の伝統の習字です。

先ほどのたおやかな女性を思い出し、絵の具道具を習字の筆と墨に見立てて、女性らしい筆使いの文字になるように意識して書いてみました。

「宇宙の智慧よ、ここに降りたまへ」

思った通り、この日本的な作品は、最も彼らに受けました。特に、彼らは何が書かれているかがとても気になったようです。そういえば、あちらでは今、英語で詠む俳句が流行《はや》っているようで、ワークの中で俳句を詠んだ人もいます。

最後の晩はみんなで踊ったり太鼓をたたいたりして、まるでインディアンの部族の祭りさながら、盛り上がりました。

短期間のワークでしたが、皆とても和気藹々《あいあい》とし、最後はすっかり宇宙にエネルギーを放出したという感じでした。歌い、はしゃぎすぎて、声がかれてしまいましたが（笑）。

天才透視能力者ジョー・マクモニグル

日本でも行方不明者を透視能力で捜す、という企画のテレビ番組に3ヶ月に1回くらいは出演している、ジョー・マクモニグルという男性がいます。

彼は、元アメリカ軍の軍人でしたが、ある日パーティーでビールを飲んでいたら、突然倒れてしまい、そのまま意識を失ったのです。そしてその間、彼は体外離脱を経験していました。まさに、自分の身体を外から眺めていたのです。最初はとても驚きましたが、その状態があまりに心地よいので、このままでよいと思ったのです。つまりもう肉体に戻りたいとは思いませんでした。

ところが、彼が倒れているのに気がついた友人が彼の身体をゆすって起こそうとしたのです。すると、彼の意識はまるでゴムのように、友人がゆするたびに出たり入ったりしたのです。「もうこのままでいいんだ、ほっといてくれ!」彼がそう叫ぶも、友人の耳には届きません。

そしてそのうち、意識を取り戻しました。しかし、彼はその臨死体験の間、神の光を見たのです。愛とやさしさの光に導かれた彼は、自分はずっとひとりではなく、いつも見守られていたのだということに気がついたのです。

そして、肉体に無事戻り生還した彼は、天才透視能力者として第二の人生を歩むこととなりました。とはいっても、最初は相変わらず第一線で戦う軍人でしたが、「ジョーと行動を共にしたら、絶対に死なない」といううわさが軍人仲間の間でたちました。というのも、爆弾が落ちる前に、彼がいち早く察知して、移動するように仲間に知らせてくれるからです。

そのうち、アメリカ軍のほうでは、スターゲート・プロジェクトという計画がひそかに進行していました。透視能力の高い人物を集めて、さらに訓練し、軍事的に使おうという計画です。そこで一番に名前があがったのが当然ジョーでした。何人かの訓練生の中でも、彼は飛びきり優秀でした。

そこで、さらにその才能を磨くべく、彼はモンロー研究所に派遣されたのです。ロバート・A・モンローは、彼のために特別なヘミシンクを開発しました。つまり、透視のためのヘミシンクです。そして、ヘミシンクのおかげで、そこにいた何ヶ月かの間にジョーの能力はさらにレベルアップしたのです。

そのジョーの状態を見ていた彼の上官で、彼の透視能力を直接訓練していたスキップは、モンロー研究所に興味を持ち、自分もそこを訪れました。そして、彼は軍を辞め、モンロー研究所に技術者として再就職したのです。

モンロー研究所のリモート・ビューイング（透視）のコースは、そのスキップがデザインしたものであり、現在彼がトレーナーもつとめています。

透視セッションの体験

日本語では、「透視」という言葉ひとつを使いますが、英語ではリモート・ビューイングとクリアボヤンスという言い方のふたつがあります。

後者が、オーラやエネルギーや未来といった現実に見えないものを対象として見るのに対し、前者は、現実に箱の中に何が入っているか、封筒の中に書かれている文字が何であるか、という現実的なものを見るものです。ですから、前者はより実験的です。

事実、このコースは実に実験的で、現実的、科学的なコースでした。まるで心理学の実験を行っているようです。現実に確信を得たいという人にとってはうってつけのコースだと思います。

また、リモート・ビューアーの言っていることがどのくらい信憑性《しんぴょうせい》があるか、といったことを測らなければならないため、モニタリングはまるで捜査官のような注意深さと観察眼を要求されます。

しかし、私はこれから始まるコースに、わくわく胸躍らせながら、セッションに入りました。

透視のセッションで見た3軒の家.

最初の透視のセッションでは、60分間瞑想しましょう、という趣旨のものでした。ヘミシンクを聴くためにヘッドフォンをつけ、横たわっていると、いきなり目の前に建物が現れました。それも3軒並んでいます。色までとても鮮明です。両側が茶色、真ん中がグレーの民家です。

「どうして家が?」と思いましたが、どこからどう見ても、家です。そしてその画像は消え去ったり、薄まったりする気配はまったくなく、しっかりとした写真のような鮮明さと安定さで目の前に存在しています。

しかし、その画像についてまったく意味がわかりませんでした。結局、セッションを終えても、それだけしか出てこず、意味もわからず、困惑したままでチェックユニットを出たのです。

そして、外のきれいな空気でも吸おうとカーテンを開け、窓の取っ手に手をかけました。すると、目の前の遠くの景色に、3軒の家があるのに気づきました。「茶色、グレー、茶色……あっ!!」

私はわが目を疑いました。そして、その3軒の家をしばらく凝視《ぎょうし》していました。自分の中で今起こっている出来事を必死に整理しようとしていたのです。

というのも、今目の前に見えている3軒の家は、確かに私がセッションで見たものです。ただし、セッションでの画像のほうがずっと大きいもので鮮明でした。しかも、角度が家の真正面から見ていたものでした。

ところが、今目の前にしているものはとても遠くに小さく見え、しかも角度が斜めからのものです。

「私はかつて、その家々を真正面から間近に見たことがあっただろうか……？」と考えてみました。しかし、それらが真正面の角度から見えるところに行った経験はまったくないですし、その家々に近づいたことはありません。

ということは、今のセッションは、この家を見た経験の残像ではないということになります。つまり、私は家の間近に行ってエネルギー体として見ていた、あるいは透視していたということになります。

しかし、なぜいきなり最初のセッションからなんの前触れもなく現れたのでしょう。その家に意味があるのか、はっきりした透視現象が起こったことに意味があるのか、といろいろ考えました。

そしておそらく、私がこれからのセッションに向けて、自分の透視能力を最大限に信じられるように起こった出来事であろうと解釈しました。この解釈が最も納得できました。

セッションが終わって、このことを参加者の皆とシェアしましたが、皆驚きのあまり「ほお……」という感じで止まっていました。

そして、参加者のひとりが、「その家のうちの一軒は私の家よ」と言いました。彼女はモンロー研究所で働いていますが、今日は参加者として来ています。

今回は珍しく、参加者10人程度の少ないコースであるにもかかわらず、そのうちのひとりがその家の所有者であったこともすごい偶然ではあります。いえ、もちろん全て、偶然ではないでしょうが。

一言でリモート・ビューイングといっても、見るためのさまざまなテクニックがあり、またそれを当たっているか評価する方法もさまざまあるということを学びました。

ペアになって、それぞれ当てる側とそれが当たっているか評価する側になるのですが、セッションでは、当てる側のリモート・ビューアーが本当にリラックスして透視できるように、評価するモニターは気を配る必要があることを学びました。

これは、まさにふたりの共同作業なのです。このコースを通じて、透視には集中力とリラックスすることがとても大切であることを学びました。つまり、自分の意識状態をコントロールできるようにするということです。ジョーはたとえテレビ・クルーがいても、自分の透視という仕事に集中しなくてはなりません。その集中力を養うのは、やはり自分の努力なのです。

波動を上げれば、高次元とコミュニケートできる

ヘミシンクのプログラムに参加し、ヘミシンクを日常的な道具として使うと、ヘミシンクを使用していない時間でも、さまざまな形で高次元とコミュニケーションを図る機会が出てくることがあります。

実際、私自身、むしろプログラム受講期間後にはっきりした体外離脱も起こりましたし、それ以外にも寝ているときや瞑想時にメッセージを受け取ることが以前より多くなりました。

多くの参加者が述べることのひとつに、プログラムを受けていると、自宅でひとりでヘミシンクを聴いているときより多くの変化と不思議なことが起こるということです。なぜ、同じヘミシンクを聴いている状態なのに、そのような違いが起こるのでしょう。

その理由のひとつは、プログラムでは同じ目的、つまり意識を上昇させようという気持ちをもった人たちが集団で受け、寝食を共にするため、その集団のエネルギーが意識を上げるのを大きく手伝ってくれるのです。実際、ひとりがうまくいくと、その周りに寝ている人もうまくいくという現象をたくさん見てきました。

もうひとつは、4日間集中して受けることで、日常と異なる意識状態に自分を置くことがで

きるからです。

昔から精神修行は、人里離れた山の中で行われてきました。それは、日常の俗世から離れ、自分を日常とは異なる波動の高い状態に置くことが意識の上昇には大切だからです。

少なくともこの期間だけは、家庭のことも忘れ、仕事のことも忘れ、全ての誘惑と雑念を捨て、ただ自分の精神の波動を上げることだけに専念するのです。

それが大切なのです。

時代とスタイルは変わっても、そのコツだけは変わらない普遍的なことです。

第6章

心の森研究所のヘミシンク・ワーク①

あなたが生まれてきたことの意味

その人が許容できるだけ経験できる

日本でも、多くの参加者の体験が集まり、今度はどんな体験者の話が聞けるのだろうと、私自身毎回とてもわくわくしながらワークを行っています。体験は人それぞれさまざまです。その人に必要な体験が、その人が許容できるだけ経験できるのです。それは、その人のハイヤーセルフ（高次の自己）やガイドが、私たちの魂の成長を一番に考えて調整しているからです。

ここでは、そんな参加者の方々の体験の一部をご紹介しようと思います。

最初のコースでは、フォーカス10、12、15、21を旅します。それぞれのフォーカスには、肉体は眠り意識は覚醒した状態、ガイドと交信する、過去や未来を旅する、あの世を訪れ、亡くなった人たちと会う、というテーマがあります。

また、直観力の訓練、透視ゲームや体外離脱の基礎も行います。もちろん、全てのモンロー研究所のコースは体外離脱を目的としたものではありませんが、ヘミシンクによって体外離脱する場合もあるので、「心の森研究所」では一応方法だけは紹介するのです。

フォーカス10は、肉体が眠り、意識は覚醒したままの状態と定義されます。

実際には、肉体の感覚として、今まで意識しなかったようなしびれる感覚、肉体の感覚がなくなるような感じ、実際にはゆれていないのにゆれているかのような感じ、また、かーっとどこかがあるいは身体全体が熱くなったり、逆に冷たくなったり、耳鳴りがしたり、耳の中で振動音が聞こえたりということが起こる人がいます。

また、普段では意識したことのない、血管を血液が流れる感じやその音、毛穴が開く感覚、心臓の音……。ともかく、普段は眠っている感覚受容器が花開き、こんなにも自分の肉体は「生きて」いたのかと思えてくるのです。

フォーカス12では、直観力がより高まる意識レベルです。直観力は本来、ガイドなどの他のスピリットの力を借りず、自分の力で情報を導き出す力ですから、むしろハイヤーセルフとの交信になります。

この情報の引き出し方は、人によって異なります。視覚能力の優れている人はビジョンで情報を受け取るでしょうし、聴覚能力の優れている人はテレパシー的に受け取るでしょう。触覚が優れている人は皮膚感覚などで感じるでしょう。

純粋なハートのエネルギー

ある参加者の女性は、直観力のセッション中、そのときご主人が何をしているか感じてみることにしました。

するとお盆のお墓参りに行き、母親を車に乗せ、帰る途中だということがわかりました。最初は確信が得られませんでしたが、セッション後に電話で確認すると、本当にその時間その通りのことをしていたことがわかり、大変驚いていました。

このように特に身近な人の情報を受け取るのは、比較的やりやすいのです。

それは、ハートのエネルギーが通じ合っているからです。ハートで本当に情報を受け取ろうとし、微細な波動をとらえようとするため、より受け取る情報の精度が増すのです。

また、似た波動を持つ者同士も、情報を受け取りやすいということがあります。わかりやすい事例として、双子が別々のところにいても、互いの身の安全などの情報を受け取ることがあるという話をよくききます。これもハートが通じ合っているからという説明が可能かと思います。

ハートの解放は全ての人にとって常にテーマとなります。それは、この世で生きている限り、ハートのエネルギーを常に純粋なままで保つのは難しいからです。日常は山あり谷ありさまざまなことがあります。その度ごとにハートはゆれ動かされるのです。

そして、あまりにショックな出来事があると、ハートは閉じてしまったり詰まったりしてしまいます。私たちはそれをまた癒し、健康な状態に回復させる必要があるのです。

フォーカス12では、直観力が高まる

宇宙エネルギーを取り入れるハートのチャクラ

私があるとき瞑想をしていると、圧倒的な高次のエネルギーに包まれたのを感じました。最初はとても驚きましたが、決して嫌な感じではありませんでした。むしろ、癒しのエネルギーでした。ただ、この世の通常のエネルギーとはかなり異なっていたので、何か他の存在が来ていることは確かでした。

そして、私の右側の胸の少し上に変化が起きました。なんと、そのエネルギーにより、10センチくらいの杭のようなものが体内から取り出されたのを感じたのです。それは、明らかにクリスタルでできたものでした。もちろん、エネルギー的なものですが。

その杭が取れた後は、とてもすっきりした感じなのです。明らかに必要のないものを取ってもらったという感覚がありました。

また別の日、巨大なテレビのブラウン管のようなものがハートのチャクラに取り付けられたことがありました。

小さく収縮した口がハートのチャクラに近づいてきます。ブラウン管の画面にあたるほうはブラウン管というよりパラボラアンテナのような皿状になっています。ですから、むしろ巨大

ハートのチャクラには
宇宙の新鮮なエネルギーが入ってくる.

な漏斗《ろうと》といったほうがよいかもしれませんが、そのときには、ブラウン管みたいだ、と思えたのです。

ただ、その収縮した口はなかなかハートのチャクラに収まらず、目の前にかなり長く留まっていました。おそらく、あまりに巨大だったので、私の潜在意識が拒否していたのかもしれません。

ですが、意を決して、それを受け入れることにしました。

すると、そのパラボラアンテナは、私の顔を圧迫するくらいの大きさです。しかも中心がずれて、なかなかはまりません。仕方がないので、気持ちを集中させて、ハートのチャクラと繋がるよう意識しました。すると、その口はしっかりとハートのチャクラに収まりました。

さあ、これで終了と思いきや、今度はまた四角いボックスの形をしたメカニックなエンジンのようなものが近づいてきました。そしてその細くなった先がまたハートのチャクラにはまったのです。しかもそのエンジンは赤く熱を帯びています。「一体何が起こるのだろう!!」またもや少し不安がよぎりましたが、受け入れるしかないのでしょう。

すると、今度は赤いエネルギーがハートのチャクラの中に注がれてきます。そして次第に心拍が激しくなってきます。しかしもう身を任せるしかありません。

やっと終わったようで、そのエンジンは突然エネルギーを注ぐ動きを止め、外れたかと思うと、向こうに消え去っていきました。それと同時に、心拍も平常に戻りました。

終わってみるとこれといって、変わったことはないようにも思えました。

おそらく、ハートのチャクラの改造をしてくれたのでしょう。もっとエネルギーを取り入れ、エネルギッシュに動けるように。ハートのチャクラから入るエネルギーは行動を起こすエネルギーの源でもあります。

ここが枯れると、私たちは動く気力さえ失い、最悪、鬱《うつ》的になることもあります。

例えば、何かの罪悪感に駆られ自分を責め続けると、自分で自分のハートのチャクラを閉じ、宇宙の新鮮なエネルギーが入ってこないようにしてしまいます。すると、体内のエネルギーが枯渇し、生きる気力も失ってしまいます。

もちろん、全てのチャクラは大切です。また、フォーカスが上がるにつれて、概して上のほうのチャクラが刺激されることは確かです。しかし、基本の下のほうのチャクラがしっかりエネルギーを受け止めることができなければ、上のほうのチャクラも成り立たないのです。

あなたを見守る10人のガイドたち

フォーカス12はガイドとの交信のレベルでもあります。

ガイドとは、日本語でいう守護霊といった概念に近いと思いますが、モンロー研究所でいうところのガイドはそれよりももっと広い意味で使われ、どういった役割を担っているにせよ、ともかく自分の周りにいつもいて、自分を見守ってくれているスピリットの存在を総称してこう呼んでいます。

通常、私たちにはそれぞれ10人ほどのガイドがついており、私たちが生きるうえでのサポートをしてくれており、また私たちの魂の成長を一番に考えてくれている存在たちでもあります。ですが、願ったことを無条件に与えてくれるというわけではありません。体外離脱したい！という人がいたとしても、「まだ、早い。今はセッションの中で全体的なエネルギーを整えるという作業が必要だ」という場合もあるのです。

また、あまりにガイドに依存的になりすぎて、自分の力を使おうとしない場合は、しばらくコンタクトをとらないこともあります。

でもたいていは、こちらからコンタクトしたいと言えば、彼らは応えてくれています。ただ、その信号をうまくキャッチできるかどうかはそれを受け取る人によります。これも訓練であり練習なのです。

そして、その中で大切なのは、信じるということです。

自分がガイドとコンタクトをとれるということ、常にガイドは自分のメッセージを受け取っ

フォーカス12では
ガイドと交信できる.

よしよし
気付いたな
!
これだ!!
こうした方が
いいかも!!
これって
こういうことか!

ているということ、そしてすでに自分はガイドから返事をもらっているが、ただそれをはっきりと受け取れないでいるだけだということ。それを信じることができれば、微細な返信方法であってもありがたく受け取れるはずです。

つまり、これは自分の幻想やイメージで作り上げたものなのではないか、と思うとその感覚は捨てられ、受け取る感覚を磨くことはできないのです。

ガイドとのコンタクトのとり方

ある男性参加者でYさんというガイドと上手にコミュニケートしていた方がいらっしゃいました。その方は、武道を習っておられましたが、その師匠という方はすでに他界されていました。彼はその師匠をとても慕っておりましたので、スピリットの状態で会いたいという願いを持っていました。

また、もちろん体外離脱もしたいと思っていましたが、プログラムの最初の日に、ガイドが出てきて言いました、「待ちなさい、最後の日まで」。

彼には、なぜそんなに待たなければならないのかわかりませんでした。ですが、ガイドたちの計画はいつも完璧です。私も最終日に何が起こるのかとても楽しみにしていました。

Yさんはその間もしばしばガイドとコンタクトをとっていました。ガイドから、例えば肩のあたりが凝りすぎているのでもっとリラックスするように、といった身体的なアドバイスを受けたり、仕事についてのヒントをもらったり。そして、最終日が近づいてきたあるセッションで、突然Yさんがセッション中に嗚咽《おえつ》をもらし始めたのです。

「あのときは、本当に感動的でした。やっと師匠に会えたんです！」

Yさんはやっと念願を叶えられたのです。

「師匠は微笑んでいました。全てよくやっている、と」

師匠はちゃんと最初からYさんを見ていたのです。一部始終を。

そして、最後に予告どおりYさんは肉体を離れたのです。スピリットとしての素晴らしい旅をしたのでした。

ガイドはいつも同じ顔をしているわけではありません。また、本来スピリットというのは人間の形をしている必要もありません。むしろ光です。

ですが、ただの光だと私たちが満足できなかったり信じなかったりするため、わざわざ人間の男性や女性の形に近い姿をとることがあります。また、その姿もいつでも変えることができるのです。

ガイドと出会った人の中には、自分の期待した姿とかなり違っていたと語る人もいます。

もっと威厳のある姿かと思っていたのに、なんだかコメディアンのような姿のひょうひょうとした感じだったため、「こんなのでいいの？」と疑問に思ったといいます。

でも、話していると、そのひょうひょうとした中にも哲学があり、「人生は楽しみ、また他人を楽しませることに意義があるのだ」と唱える姿に次第に共感を覚え、これこそ自分のガイド！　と思ったといいます。

ガイドにも性格や特徴があります。姿はその人があまりに「受け入れられない」と思ったら、変えて出てきてくれることもあるようですが、本質的な特徴やそのガイドの持つポリシーなどは変わらないようです。

直観力は誰にでもあり、信じることが大切

ガイドとの対話以外にも、フォーカス12ではさまざまなことができる可能性があります。例えば直観力です。数を当てるとか、友達や家族が今何をしているかというのをセッションの間に見てきたりします。

家族を見に行ったら、ちょうど車に乗っていて、買い物から帰ってくるところだった、というビジョンを見た人がいました。いつもなら奥さんひとりで行くところを、その日に限って自

分の母親も一緒に同乗しているので、「本当かしら……？」と見たものを疑ったそうですが、実際その後電話をかけて確認すると、本当にその日はたまたま母親も乗せていたとのことで、大変驚いたと話してくれました。

また、ことごとく封筒の中の数字が当たり、「宝くじでも買おうかしら！」と冗談交じりに叫んだ人もいました。ともかく直観力を使うためのターゲットを探し、あきらめず何度もチャレンジすることが大切です。直観力は自分の力ですので、使おうとすればするほどスポーツのように上達していきます。

また、なかなかワークの中で直観力をうまく使えなくて、とても残念がっていた方がいました。彼の他の家族はとても勘のよい方たちばかりで、さまざまなスピリット体験もあるのに、自分だけがそういった体験もないからというのが参加の動機だったのですが、結局思ったようにはワークが進みませんでした。

ところが、家に戻ってパチンコにでも行こうかと、車を運転していると、その日に限ってやたらと「５」という数字が目に付くのだそうです。車のバックナンバーや街の看板など、世の中にこれほど「５」という数字が溢れていたかと思うほど、「５」の数字が押し寄せてくるので、思わず、「あ〜、もうわかったよ！　５番の台に座ればいいんだろ〜!!」と叫びました。

果たして、パチンコ屋に行き、座ってみると、出るわ出るわの大当たり!!　もう、自分の直観力も、ハイヤーセルフもこれからは信じるよ！　と思ったといいます。

機材の不調で現れた親友のスピリット

「インナー・ジャーニー」というメタミュージックCDが一般向けに売られています。

これは、自分の内面を観察する、つまり内観して、小さいころのトラウマや日々のストレスによって傷ついた自分を見ることに適しています。また、人によっては、逆に小さいころの楽しい出来事などが出てくることもあるでしょう。

セッションでこのCDをかけていたときのことでした。セッションの途中で、あるふたりの人たちが、突然音が聴こえなくなったというのです。

そこで、もうひとり聴こえなくなった人がいるはずだと思い、探したのですが、誰も返事をしません。通常、ヘッドフォンをつなげている機器は3人1組で使っているので、ひとつが不調になると、3人とも聴こえなくなるはずなのです。

ところが、残りのひとりの人は普通に聴こえていたというのです。機材のスイッチをいじってみると、確かに最初に見たときは電源ランプが消えていたのですが、再度入れ直すとついたので、故障ではないな、と思ったのです。ですが、どうもすっきりしないまま、セッションはガイドは常にメッセージを送っている。

進んでいきました。

そして最終日、私たちはその出来事の真相を知ることになったのです。

ある参加者の方が涙を流しながらシェアしてくださいました。彼女は先日の不調の機材にヘッドフォンをつなげていたにもかかわらず、音が最後まで聴こえていた人でした。

「実は、あのセッションのとき私は友人に会っていたのです。彼女は私の大親友でした。彼女は私ににこやかな笑顔を向け、『ありがとう』と何度も言うのです。

どうして？　と不思議に思いました。そして、今日先ほど知人から電話があり、その友人の訃報を知ったのです」

私たちは、ことを飲み込むまでしばらく無言のままでした。そして、ようやく全てが理解できたのです。彼女のご友人は、彼女に最後のお別れを言いに来たのでした。ちょうど、彼女がヘミシンクで変性意識状態にあり、コンタクトがとりやすかったのだと思います。

というより、とてもお世話になった彼女に、最後に一言お礼が言いたくて、彼女をこのワークに引き寄せたのかもしれません。決して全てのことは偶然ではないはずですから。

そして、スピリットとしてのご友人は、ここに訪れるために、音が聴こえなくなったふたりの人たちの電気を使ったのでしょう。電気はスピリットが動くのにとても有用です。テレビやラジオの電波や電気は、スピリットが3次元との交信の窓口にするのに使いやすいのです。

私たちは彼女の、私たちとシェアしてくれた勇気とやさしさに感謝しました。彼女のご友人も全てのこの世での思いを清算し、思い残すことなく旅立ちたいという強い思いがあったのでしょう。きっと満たされて次元を上昇していったことでしょう。

高次元の波動をキャッチするには

直観力を試したり、高次の存在と繋がったりする方法はいろいろあります。

私たちは視覚のみでなく聴覚、触覚など五感をフルに活用して高次元の情報を受け取ります。それは、絶対音感のようなもので、究極に感覚を極めた状態であり、微細な高次元の波動を受け取り、私たちの脳で認知できる情報に変換する作業なのです。

人は誰しも自分の秀でた感覚を持っています。つまり、ある人は視覚的な感覚が優れており、ある人は聴覚的、ある人は触覚的というように。それらを高次元の波動をキャッチするのに使おうとすると、透視、テレパシー、超感覚的触覚といった能力と呼ばれるのです。

それらの感覚がどの程度優れているかは、人によります。そして、それを磨くためには、練習が大切なのです。つまり、それらの機能を使おうと意図し、訓練していくことにより、機能が高まっていくのです。

つまり、音楽の練習にしても、水泳や自転車に乗る練習にしても、忍耐強く行うのが大切であるのと同じように、透視、テレパシー、超感覚的触覚も長年の練習が大切です。もちろん、スタートする時点でその能力には個人差があります。それは、幼稚園のときから走るのが速い子もいれば、そうでない子もいるように、です。でも、どんな子であっても練習をすればその子なりに上達し、走るのも速くなるものです。

ビジョンを見ることや、ガイドと交信すること、身体を出るという体感を得ることに対して、焦らないことです。忍耐強くあってください。

人それぞれ、実感を得るまでの早さは異なります。時間がかかっても、自分を評価して卑下したりしないでください。この練習に落ちこぼれというレッテルはありません。全ての人は、終わりのないひとつの過程にいます。

今までいろいろなワークショップを受けたり、不思議な体験をしてきたからといって、必ずしもヘミシンク・ワークで目覚ましい飛躍を遂げるとは限りません。謙虚でいてください。

私も実際、モンロー研究所に行く前からさまざまなワークショップを受けていたり、さまざまな不思議な体験を得ていたので、すぐに面白い体験ができるだろうと思っていました。ですが、それはうぬぼれでした。

実際は時差ぼけで3日間も寝続けるし、結局フォーカス27まで行って帰ってきてからようやく身体から抜けたという実感を得たくらいです。

自らの感情的な問題を浄化する

もし、それでもなかなかうまくいかないとき、忍耐が続かないときは、もう一度自分の内面を見てください。例えば「見る」ということを、ブロックしている何かがありませんか？　ある参加者の体験にこのようなものがあります。

「ビジョンが見たかったのですが、なかなか見ることができませんでした。思わずやけになりそうでした。なぜ見えないのか、と心の中で叫びました。

すると、なぜか突然、幼いころ、妹が熱湯をかぶった映像が思い出されたのです。その出来事は、私にとってとてもショックなことでした。その映像を思い出すだけで胸が苦しくなります。

そこで、はっと気づいたのです。もしかすると、これがトラウマとなり、このビジョンがまさに『見る』という恐怖から、私を遠ざけていたのではないかと」

また、別の方の体験にこのようなものがあります。

「過去生で、魔女だったときのものが出てきました。私はおそらく魔女狩りにあったのでしょう。暗く、じめじめした地下室に閉じ込められてしまいました。

その後、後ろ手にロープで縛られ、台の上に立たされました。次の瞬間には上から刃が私の首をめがけて降りてきたのでした。

その後、すぐに私は自分の身体の上に舞い上がり、その自分の息絶えた姿を上から眺めていました。

私は、その生で魔女として、透視・テレパシーなど、自分の能力を最大限に活かして、人のためにつくしていました。しかし、それが結果的に悪いほうに受け取られ、私は暗く湿った地下室に長く閉じ込められ、あげくに殺されたのです。そして、もうこのような能力は使いたくないと、自ら能力を閉じてしまったのでしょう。

だから、今生でもうまくビジョンが見られず、うまくガイドと会話ができないのだと思いました。

過去の体験は、大変今に影響を与えていると感じます。それは、私がとても湿気を嫌い、少しでもお風呂が湿っていないかと絶えず異様に気にしてしまうこともそのひとつです。

でも、よいこともひとつあります。それは、私がアロマセラピストをやっていることです。おそらく魔女のときに得たハーブの調合の知識を活かしているのでしょう」

ヘミシンク・ワークで生き方が変わる

このような自分の過去生のトラウマを見ることにより、今生で能力を開花させたり、あるいは長年の病気を治癒させたりという話はよくあります。

まずは、自分の内面を見ることです。つまり、ヘミシンク・ワークも突き詰めれば、「内観」が大切なのです。ヘミシンクはあくまで道具にすぎません。ヘミシンク自体が全てを解決してくれるわけではないのです。道具はうまく活かしてこそ、道具としての意味を発揮するのです。全ては、あなた次第なのです。

ですから、まず自分で自分の肉体をリラックスすることを心がけ、呼吸を整え、ヘミシンクを聴きます。それを自分の内面に受け入れるように、意図して聴くことが大事です。そして、今どんな体験を得たいのか意図してください。あなたの意図が一番大切なのです。

もちろん、身体を抜けることが重要なことではなく、あくまで自分の意識が変化し、より高い意識で愛と喜びをもって生きていけるようになることが、何より大切なことであり、全てのヘミシンクの経験はそのために活かされるべきだと思います。

また、素晴らしいヘミシンク・ワークを受けたからといって、自分が悟ってしまった、あるいは人にも無理にでも勧めなくては、などと思わないでください。誰にでもその人に合ったやり方、ワークがありますし、誰にでもこのヘミシンク・ワークが一番よいとも思いません。

本人に選ばせる自由意志を与えてあげてください。無理に勧めないでください。そして、全ての人は、学びのひとつの過程に常に存在します。

だから、誰が秀でているとかいったことはありません。

おごることなく、自分の知りえた経験を、知らない人に伝えてあげてください。

第7章

心の森研究所のヘミシンク・ワーク②

肉体を離れる体験談

「死ぬときに持っていけないもの」は手放す

ワークの中では、肉体から離れる、つまり体外離脱する人もいます。でも、あまりに体外離脱したいという欲求が強すぎたり、逆にどこか潜在的に恐怖心があったり、あるいはエネルギー的な準備ができていなかったりすると、あまりはっきりとした形では出にくいようです。

リラックスして自然体のほうがうまくいきやすいようですが、何より、自分のエゴや感情を捨てて、高い波動である愛のエネルギーを自分にも取り入れ他人にも供給できる、つまりエネルギー循環のよい人がよりうまくいく確率が高いようです。

「エゴを捨てる」と一言でいっても、なかなか何を捨ててよいかわかりにくいようです。では、こう考えてみてはどうでしょうか。死ぬときに持っていけるものはなんでしょうか。

まず、「魂」Ｙｅｓ！　それから「性格」う〜ん、本質的な魂の性格の部分だけでいえばＹｅｓ。「愛」う〜んそうね〜、無条件の限りない見返りを期待しない万人への愛であればＹｅｓ。でもパートナーや家族だけに限られたもので相手がこうしてくれなきゃ、と条件があるのであればＮｏ。「知識」そうね、非常に現実的な3次元的知識は失われることがあるけど、どのよう

体外離脱は、エゴのない人の方がうまくいく。

「死ぬ時に持っていけないもの」を消し去ろう!!

に人と接していくとよいとか、つらいときどのように自分の気持ちを保つようにすればよいとか、いったことは「叡智」として魂に蓄えられ他の魂と共有できるのでＹｅｓ、また音楽家や技術者としての知識の一部も持っていけるのでＹｅｓ。

ただ、あまり高次元で役に立たないものは記憶として消えていくのでＮｏ。「仕事や身分」これは当然Ｎｏね。「お金や家」Ｎｏね。

つまり、死ぬときに持っていける以外のものを、とりあえず忘れ去って頭や意識から消すことが大切なのです。

参加者のひとりがシェアしてくださった話にこういったものがあります。

「宇宙に、音楽を作るところがあって、そこでは素晴らしく心の中に染み渡るようなメロディーが流れています。ところが、そこから情報を受け取れるのは、エゴを持たず、ただ純粋に音楽のことを大事に考える人のみ。そういう人にしか、音楽の情報は送らない」そうです。

エネルギー体が肉体から離れるとき

もちろん、私たちは肉体が休んでいるとき、つまり眠っているときはたいてい誰でも体外離脱を行っています。ただ、脳の記憶の中枢まで休ませているために、その体験が脳の中に記憶として残っていないのです。ヘミシンクは、それを意識が脳につながったままで体験をより可能にする効果があるようです。

しかし、もちろんそこには個人差があり、最初からうまくいく人もいれば、ついつい寝てしまい、結局肉体から出ていても、記憶に残っていないという、つまりいつもの眠っているときと似た状態を体験するだけになってしまうこともあるのです。

もちろん、そういった人であっても、練習すればうまく意識を保つことが可能となりますが、そこには意識をとどめておこうという、強い意志が必要に思われます。

それは、たとえ身体を出ても、まるで水蒸気のように、自分の意識がなくなりつつあるのを感じることさえあるからです。

ある参加者の体験にこういったものがあります。

「セッションで横になって、しばらく経つと、とても心地よい気分になりました。そして、突然ブーンという耳鳴りのような音と、肉体の振動を感じました。いや、もしかしたら肉体ではなく、自分のエネルギー体だけが振動していたのかもしれませんが、ともかくとてもすごい振動でした。そしてそれは次第に激しくなっていきます。

私は少し不安になりましたが、その気持ちをなんとか抑えて、平静を保つように心がけました。すると、間もなく自分のエネルギー体が肉体から離れていくのがわかるのです。ゆっくりと私のエネルギー体は持ち上がっていきました。

そして、とうとう私は肉体の外に出たのです。上から私の眠っている顔が見えました。周りを見渡すと、なんと驚いたことにほとんどのほかの参加者たちも肉体から１ｍほど浮いているのです。ですが、ほとんどの人たちは自分が出ていることに気づいていないのだと感じました」

また、ほかの参加者の体験談にこういったものがあります。

「セッションが始まって間もなく、私は肉体から離れ起き上がることができました。それは、エネルギー体として起き上がったのです。そして、出られないと嘆いていた隣の人の腕をつかみ、思いっきり引っ張り上げました。

すると、彼もずるんと出て、私たちは共に手をつないで飛び立ちました。ぐんぐん上に舞い上がっていきます。

遠くにまばゆい光が見えたので、その中に私は入っていきました。そして、ふと気づくと、一緒に手をとってやってきた彼はいつの間にかいなくなっていたのです。

彼もきっと自分の行きたいところに行ったのだろう、と思い、私は私の旅を続けることにしました」

実際、このように引っ張り出された人に様子を尋ねてみると、彼も引っ張られて出られた感覚があり、途中でひとりになったと、証言が一致しているたのです。

肉体からエネルギー体が
離れるとき.

ですが、引っ張り出されたからといって必ずしも、引っ張り出された本人が記憶しているわけではありません。中には、いつものように寝ていた、としか言わない人もいます。

ところが、引っ張り出した人の話によると、

「彼に、一緒に行こうと声をかけて、手を引きました。しかし、彼は（エネルギー体で）部屋の隅にしゃがみこみ、『僕はいいんだよ、ここで』と言って、そのままうずくまって動こうとしませんでした。

仕方なく私はひとりで行くことにしました……」

というように、本人が潜在的に肉体から離れることに、実は恐怖や不安を抱いていたり、離れることを必要と思っていないこともあるのです。

私たちの魂はそれぞれ自由です。本人が本当にそれをしたいと思わない限り、たとえガイドであってもその人の行動を無理やり変えることはできないのです。

体外離脱にはイメージも大切

身体を離れたことに、なかなか確信が得られないこともあります。そのようなとき、こんなことを試してみるのもひとつの手です。

体外離脱は　イメージだけでもいけるんだ！

イメージすると何でも現実になる．

「とりあえず体外離脱のイメージだけでもしてみよう、と試みました。どうせ気づかないだろうけど、ものは試しと、そばに寝ている参加者たちの腕を触ったり、髪の毛を引っ張ってみたりしてみました。

するとと、なんと、何人かの人たちが気づいてくれたのです。しかも、各セッションごとに行っていくと、その度ごとに自分が触っていることに気づいてくれる人が増えていくのです。

自分の確信が強くなってくるとともに、自分の肉体から出ているエネルギーもより多くなっているからでしょうか。イメージだけでもいけるんだ、ということに気づきました。

こうして、次元を超えることにも抵抗なく、確信を持って行けるようになった僕は、フォーカス21で亡くなった人たちに再会し、感謝の気持ちでいっぱいになりました」

このように、まずイメージから入っていってもよいのです。最初は確信が持てなくても、繰り返しているうちに、それがよりはっきりとした現実となってくるのです。

「身体を出た確信はなかったけれども、ともかく自分は森の中にいました。イメージするだけでなんでも現実となる、と（トレーナーから）言われたことを思い出し、森の開けたところに温泉を創りました。

すると、ほかの参加メンバーのひとりが現れて、そこでしばらく気持ちよさそうに浸かっていましたが、温泉の端に滝を創ったところ、その方が滝から落ちて、滝つぼで泳いでいました。

驚いたことに、セッションを終えてからその方に聞いてみると、なんと彼も同じビジョンを見ており、滝つぼで泳いでいたというのです！」

同じ体験を共有した人がいると、確信はさらに強まります。これが集団で、しかも同じ空間で互いの気を共有しあいながら受けるワークだからこその、醍醐味です。

また、体外離脱すると、時に異常にじっとりと寝汗のようなものをかいていることがあります。これも確信を得るひとつの方法となりますが、必ずしも体外離脱をしたからといって、身体が濡れているわけではありません。

念の力をコントロールする

しばしば、「上に舞い上がる」あるいは「飛ぶ」という感覚は、多くの肉体を離れた人が経験することです。たとえ、それが完全に肉体から出たわけではなく、バイロケーション的に、つまり半分くらい肉体からエネルギーが出ており、半分は肉体に意識が残っている状態で、まるで夢のような経験であったとしても、よく見られる現象です。

それは、私たちが肉体に入って、最も経験できなくなった体験だからでしょう。本来、魂は自由に移動することができるので、当然鳥のように自由に空や宇宙を飛ぶこともできます。しかし、肉体に入っているときには、飛行機やヘリコプターのような機械の力を借りずに、自分の力だけでは飛ぶことは今のところできません。

ですから、飛ぶという行為は肉体を離れて経験できる、最もエキサイティングなものといえるでしょう。子どものころ、よく私たちは空を飛ぶ夢を見ました。それは、まだ子どもは肉体に入る前の記憶を大人より覚えており、飛ぶ感覚が比較的違和感のないものだからなのではないかと思います。

ヘミシンクを聴くようになると、夢も質が変わってくることがあります。より覚醒した、つまり明晰夢《めいせきむ》のように、自分が夢だと自覚しながら見る夢を多く見るようになったり、そうでなくても、一晩のうちにたくさんの夢を覚えているようになったりします。

ある晩に、そんな明晰夢を見ているときの話です。

そうだ、久しぶりに飛んでみよう！　と思い立ったのです。

気分を出すために大きな翼をつけました。あちらの世界では、こちらの世界より、イメージや意図はすばやく現実のものとなります。すぐに思ったとおりの翼がつきました。

その翼を広げて、上までのぼっていくと、ふと自分の胸元のハートのチャクラに目が行きました。ハートのチャクラのお皿が乾いている、と思ったのです。これは大変。すぐにお皿に水を足して、ピンクのやさしい花びらと白い雪のようなエネルギーの玉を上から降らせました。

自分がどうしたいのか!
集中力と念の力が大切。

これでメンテナンスＯＫです。さあ、もっと高く飛び上がるぞー！

しばらく気持ちよく上空を飛んでいました。すると、遠くに川が見えてきました。大きな川です。向こう岸に降り立とうと思いましたが、ちょっと自信がありませんでした。

どうも私は飛ぶのはいいけれど、まだ降り立つのが苦手らしいのです。狙いを定めて、集中して、「えい！」すると、おっとっと、なんとか向こう岸に降り立ったものの、ぎりぎりセーフという感じで、もう少しで川の中という危なっかしさでした。もう少し練習が必要なようです。

それは、集中力と念の力といえるでしょう。

自分がどこにどうしたいか、という気持ちを定めて、迷いをなくすことがうまくなればなるほど、この降り立つ動作もたやすくなるのでしょう。

現実でも同じことがいえます。スポーツなどで、自分がうまくできたところを強くはっきりとイメージしてから、挑戦すると、本当にうまくできるようになるといいます。つまり、今では一流のプロスポーツ選手もよく活用している、イメージ・トレーニングの力です。

行きたいところに意識を向ける

イメージが上手にできる人、つまり念の力を上手にコントロールできる人が、現実をうまく動かせるのです。もちろん、３次元の物質世界は波動がより緩やかで、変化がしにくいので、よりたくさんのエネルギーと集中力でイメージする必要があります。

それに比べて高次元の念はすぐに現実化するので、例えば気持ちがぶれてしまうと、同じようにぶれた的はずれな現実がやってくることになるのです。

つまり、向こう岸に降り立ちたいのに、できないで不恰好な状態で到達するかも、いや川の中に落ちるかも、いやいや、でもちゃんと向こう岸に降り立ちたい……と迷っていると、本当にどっちつかずな現実がやってきてしまうのです。

『天国を旅するスーザンからのメッセージ』（中央アート出版社）の著者、ハリエット・カーターは、モンロー研究所を何度か訪れたことがあると聞いています。彼女は、弁護士ですが、友人の死をきっかけにその友人といわゆるチャネリングができるようになりました。

彼女の友人が、ガンの闘病生活から、やっと解放されて肉体を離れ、非物質の次元に住むようになったときのことです。あちらの世界は、まるで宇宙飛行士が月面着陸したときのように重力を感じないのです。だから、宇宙飛行士が宇宙に行く前に宇宙での行動を訓練するように、非物質の世界でも最初は移動などするには訓練が必要だった、といいます。

それどころか、行きたいところに意識を向けるだけですぐにそこに移動しているので、意識を集中させ、自分をうまくコントロールさせることを学びます。

彼女は、闘病生活の間にすでに少しずつあちらの世界とこちらの世界を行ったりきたりしていたので、割と早くあちらの生活に適応できましたが、中には突然訪れる人もいるので、そういった場合は、慣れるのに少し時間がかかる、といいます。

自分のエネルギー体を自覚する

私は、肉体が不自由になり、寝たきりとなった人たちや、痛みに苦しむ人たちにも、ぜひこういった経験をしてもらいたいと思っています。そうすれば闘病生活のたいくつな状態や、肉体のきつい状況から少しでも抜け出せ、どれだけ楽しい気持ちがわいてくることでしょうか。また、肉体から離れると、肉体の中で感じていた痛みはほとんど感じなくなります。

私はよくティーンエイジャーのころ、偏頭痛を味わっていました。そのとき、意識を少し肉体からずらして、つまり本来は１００％肉体にいなければならないエネルギー体を60〜70％にとどめて、ふわふわと浮いたような意識状態になると、痛みをあまり感じなくなることを覚えました。

もちろん、いつもそのようなことをやっていては、グランディングしていない、つまり地に足がついていない状態となり、現実的に記憶力が鈍ったり、勉強やスポーツなどで実力を発揮できなかったりと、健康面であまりよい影響を及ぼさないでしょう。ですから、あくまで一時的な手段にとどめておいてください。

それよりも、自分で肉体に意識をどれくらいとどめておくかを、自覚しコントロールできるようになることが大切なのです。

もちろん、そういった闘病生活の方々は、ワークに来ることは不可能でしょうが、その代わり、一般用のヘミシンクCDでたくさん練習することができます。一般の人より練習の時間はとれるでしょうから、根気強くやれば、きっとうまくできるようになるでしょう。

過去生からの学び

フォーカス15は時間と空間の制限のないところです。そこは、自らの過去生や未来生を見るのに適したレベルです。

たくさんの参加者が自分の過去生を見て涙を流したり、感動がありました。

ある参加者は、今生の奥さんが過去生でも奥さんで、江戸時代のような時代風景で、着物を着ていましたが、今生と同じように相変わらず喧嘩をしていました。戻ってくると、「もういいかげん、同じことを繰り返すのはよそう、情けなくなるから……」とつぶやいていました。

また、今生日本人であっても、かつて中世のヨーロッパにいたときの状況を見る人もいます。ある人は素敵な草原に建つ、大きなお城を見ていました。そこに自分が住んでいたことがはっきりとわかったといいます。

セッションから戻ってきて、そのことを話し合うと、驚いたことに、隣の人も全く同じ風景を見ており、ふたりはいわゆるシンクロニシティ（共時性）を起こしていたことがわかりました。

私たちは、肉体以上の存在です。ヘミシンク・セッションをすると、なおさらこういったシンクロは起きやすくなります。それは、肉体からエネルギー体になることで、ほかの人のエネルギー体と重なり、感情や知識までも共有しやすくなるからです。

特に、何気なく座った場所であっても、潜在的に因縁《いんねん》のある人、つまり前世で一緒だったりといった人の隣を選んで座っていたりということがあるのです。

参加者４人で、２０２０年を見に行ったところ、皆が深い森の中に行ったという共通した体験をしたといいます。そこは人気がなく、暗かったということでした。

また、そのとき空を見上げると、大きなスペースシップが浮かんでおり、４人とも見ていたことを確認していたというのです。

地球の未来――2012年の地球の姿は？

フォーカス15で、2012年か2020年あたりの、未来の地球を見てきてください、とお願いすることがあります。

2012年はマヤ暦の最後の年であり、私たちの地球が次の次元に向かって大きくアセンションするといわれています。2020年ごろには、それがある程度定着し、落ち着くのでは、と思ったから、この年を選んだのです。

結果、おおよそ3つのパターンに分かれます。

ひとつは、自然と共存し、人間が明るく楽しく暮らしている、あるいはあまり現在と変わっていないように見えるという状況です。

「気がつくと崖の下にいました。上のほうに登ってみようとロープをかけて這い上がると、すぐに登ることができました。見ると、一面の花畑です。ここはどこだろう、と思うと、耳元でガイドが、未来の自分の畑です、と答えてくれました。今の自分の畑が絶滅寸前状態にあるので、その状態から一変して花畑になっているのがうれしかったのです。地球の未来は明るいと思いました」

そして、街に人気がなく、荒れ果てて、戦場跡のようになって崩壊しているという状況も出てきます。

「空を見上げると赤く見えました。遠くまで赤く空が焼けているのです。地上に目を落とすと、建物が全て黒く見え、ほとんど崩壊しています。まるで戦場跡のようです。人を探しましたが、誰もいません。いったい人々はどこに行ったのでしょうか」

最後のひとつは、その両方が混在しあっていて、半分の地域は荒廃しており、人が住めない状態にあるが、もう半分は自然が豊かで、人々は楽しく和を築いているというものです。

「最初、森が見えてきました。人々は小さな家々に住んでいました。まるでちょっと昔の日本のようです。大丈夫そうだな、と安心しました。そして、街のほうはどうなっているかしら、と思い、東京の渋谷に行ってみました。すると、人々は小さなボートに乗っています。ひとりの人に『どうしてボートに乗っているの？』と尋ねると、『洪水が起こって、こんなになってしまったのです。私たちの行いに対する報いです』と言われました」

私は、どれも本当であり、起こりうると思っています。つまり、未来は私たちが創るのですから、それらはひとつの可能性なのです。

ですが、私たちの意識が未来を創るということは、私たちの意識が今この3パターンに、ちょうど3分の1ずつに分かれている、つまりこういった3パターンの状況を創りうる意識状態

2012年か2020年の未来の地球

今ならまだ変えられる. あなたはどれを選ぶ？

の人たちが、今三様に存在しているということかもしれません。

でも、全てはまだ変えられるのです。あなたはどれを選びますか。

あの世との交信

フォーカス21は、亡き人々と交信しやすいレベルです。

ある人は、亡くなった婚約者に会いたいという強い思いがありました。

「頭の中で突然光の回転が、それもものすごいスピードで起こりました。最初は何事が起こったか理解できず、心臓がバクバクして、不安になりました。

自分がパニックに陥ってしまうのでは、と思ったその瞬間、突然ふたつの手が目の前に差し出されました。それは、明らかに見覚えのある手です。そう、彼の手だったのです。彼は力仕事をする人でしたから、私にしかわからない、とても特徴のある手をしていました。

だから、はっきりと彼の手だと認識できたのです。しかもその映像はとても鮮明なカラーでした。私は涙がとまらず、そのままずっと泣いていました。

終わった後、一緒にワークを受けていた参加者の方々の何人かも、私と同じように彼の姿や手を見たと言い、彼からのメッセージを伝えてくれました。それらは、どれもとても優しく私を勇気づけてくれるものでした。『いつでも君のそばにいるよ、元気を出して』『見守っているよ』というものでした。とても勇気がわいてきました。私はとても幸せです」

このように、時に、共にワークを受けにきた参加者のところに、メッセージを伝えにくることもよくあります。私たちは繋がっているのだ、ということを実感させられます。

投げかけた思いは必ず返ってくる

たとえ、本人が受け取れなかったとしても、ほかの人がメッセージを伝えてくれた場合のこんなエピソードがありました。

「私は、小さいときに亡くなった息子に会いたいと思い、このワークに参加しました。しかし、私の感覚が鈍いのか、なかなか息子の姿どころか、その存在さえ感じることができませんでした。

最終日、もうあきらめかけたころ、隣に座っていた女性が、あるセッションの後におっしゃってくださったのです。

『あなた、息子さんを亡くされたの？　あなたの息子さんだっていう子が、私のところに来たわよ。お母さん、そんなに自分を責めないでね。愛してるよ、て言ってたわよ』

思わず涙がこぼれました。息子はちゃんとわかっていてくれたのです。私のことを見てくれていたのです。私のそばにいてくれていたのです」

投げかけた思いは、必ず返ってきます。それはまるでブーメランのようです。ただ、それをどのように受け取れるかは、そのときの状態やその人によります。でも、必ずなんらかの情報やエネルギーが送られていると思い、最大限に感覚器官を広げておくことで、キャッチできることがあるのです。そして、時にほかの人を介して伝えられることもあるのです。

ある参加者の報告で、

「ビジョンを見よう、見ようと、セッション中よく目を凝らしていました。しかし、とても目が疲れるばかりでビジョンが一向によく見えませんでした。

すると、『眼球で見るんじゃないよ』と私のガイドからの声が伝わってきました。なるほど、と思い、（トレーナーから）言われたようにハートで見るように心がけると、なんと見えるようになったのです。

そして、そのことをグループでシェアしていると、隣に座っていた人も私と同じ事で悩んでいたのです。このメッセージは、私だけでなく、ほかの人へのメッセージでもあるのだと気づきました」

体験をシェアすることは、大切です。体験を自分だけのものとすることなく、ほかの人たち投げかけた思いはブーメランのように必ず返ってくる。

への、顕在意識的、そして潜在意識的なギフトになるからです。シェアすることにより、ほかの人たちがなんらかのヒントを得て、潜在意識レベルでも刺激を受けるのです。

ですから、活発にシェアをしたグループほど、よい成果が得られるのをこれまで見てきました。

ハイヤーセルフ——自分により近いエネルギーの存在

「ハイヤーセルフ」とは「高次の自己」と訳されます。ガイドとは異なり、自分の高いレベルの魂の意思というべきでしょうか。私たちは、一人ひとり、とても賢く尊い存在です。たとえ、人間として生きているその姿がそのように見えなくとも、その人の魂としての経験からくる智慧は素晴らしいものなのです。

3次元に生きている自分がエゴと呼ばれ、4次元以上の存在の自分がハイヤーセルフとなるわけです。ですから、4次元のハイヤーセルフは、5次元以上にさらにそのハイヤーセルフを持つことになるのです。

ハイヤーセルフは自分により近いエネルギーの存在ですから、ハイヤーセルフの意見はガイドの意見に優先されるべきです。ハイヤーセルフとはどのような存在なのでしょうか。どのようなコミュニケーションができるのでしょうか。体験談をもとに見ていきましょう。

ハイヤーセルフとのコミュニケーション

「ハイヤーセルフに会いに行きました。不思議なことに、自分の質問に自分で答えているという感じがしました。でも、これでよいのだとも思えました。なぜなら、ハイヤーセルフも自分なのですから。

最初は、おじいさんのような姿で現れてほしいと願っていましたが、ハイヤーセルフに『私はあなた自身なのだから、これでよい』と言われ、納得しました。

私はハイヤーセルフに『今回のプログラムで体外離脱できますか』と尋ねました。するとハイヤーセルフは、『できる』と答え、そのまま上に上がっていきました。

その後すぐに自分の頭の上からエネルギー体として抜け出し、会場の上へ、そしてさらに地球を抜けて、銀河に到達しました。

なんとなく薄暗い感じがして、『もしかして、イマジネーションなのでは』と一瞬疑いましたが、そこに『すべて受け入れなさい』というメッセージがガイドから入ってきたので、そのまま素直に受け入れることにしました。

その後、『過去生を見たい』と願いました。すると過去生の自分が、砂漠のようなところで水が欲しくて倒れている姿が浮かんできました。

しばらくすると、倒れている自分に、ある女性が近づいてきました。彼女は水を差し出してくれたのです。よく彼女の顔を見ると、姿かたちは多少異なっていても、今の妹であるということがすぐにわかりました。

感謝の気持ちでいっぱいになりました。

何度も自分の見ている映像がうそなのでは、という疑問がわきましたが、先ほどガイドに言われたように『受け入れよう』と思い直したところ、素直に感情が出てきました。

その後、ハイヤーセルフと再び出会い、今生のことや過去生のことなどさまざまなテーマで語り、アドバイスをもらいました。

最後にハイヤーセルフは私に対し『愛している』と言い残しました。私は涙が溢れ、とまりませんでした。本当に心が洗い流された思いです。

そして、自分の思いなど、浄化すべきものを入れるツールである、エネルギー変換箱（ヘミシンク・プログラムで学習する）の中をのぞいてみると、もうそこには何も残っていませんでした。私の浄化すべきものは、全てかたづけられたのだと感じ、すっきりとした気持ちです」

私たちは転生し、性別・人種といった姿は変化しても、目の輝きだけは変化しません。目は

エネルギー体が
地球を抜けて、銀河に到着。
ハイヤーセルフ(高次の自己)に会う。

その人の魂を現しています。ですから、相手の目を見れば、今生でどういったつながりの人かがわかることが多くあるのです。

過去は変えられる、全ては「今」

全ては、その人の感情が変化し、思いや人生の生き方が変化することが大事なのです。そう考えると、自分が見たものが本当であるかどうかを躍起になって調べる、というのは、あまり意味がないことがおのずとわかってくるはずです。

そもそも、現実とはそれ自体があいまいなものなのです。現実はあってないようなものであり、私たちの信じている幻想なのかもしれません。よく映画『マトリックス』のようなものですね、と人に言われます。そう、その通りなのです。

ロシアの催眠療法士の話で、催眠により外科手術を受けた患者に、その手術のストレスをとる催眠療法を行ったところ、手術の傷跡が消えたということを聞いたことがあります。

たとえ、出てきたビジョンが自分のイマジネーションであったとしても、それが出てきたことに意味を見出す必要があるのではないでしょうか。そのビジョンはなぜ出てきたのでしょうか、自分の潜在意識が必要としていたからではないでしょうか。

起こったことを、まず「受け入れて」みてください。そこから何かがスタートするかもしれません。

また、過去の出来事をいつまでも苦にしたり、恨んだり、気にしすぎたりすることも意味のないことです。そういった場合、人は過去に生きていることになります。未来が変えられるように、過去も変えられるのです。それは、自分の過去の出来事に対する「思い」を変えることで可能となります。

過去のネガティブな思いを持ち続けていたら、その人は「過去」のその状況を強めて、その中に生きていることになります。

全ては「今」なのです。宇宙には「今」しか存在しません。「今」どう生きるか、が大切なのです。

ハイヤーセルフに出会う意味

ハイヤーセルフは、さまざまなパターンで現れます。その人に一番合った姿かたちで、出てきてくれるのです。

「ハイヤーセルフに会いました。バーバパパ（アメリカのアニメキャラクター。姿かたちが自在に変えられる存在）のようなものが出てきたので、『ハイヤーセルフですか』と尋ねると、『そうだ』と言いました。

身体の周りには、レインボーカラーの縁取りがありました。抱き合うと、ポヨポヨとやわらかく弾力があり、とてもよい気持ちでした。

ハイヤーセルフに『何か欲しいものはある？』と尋ねると、『愛』と答えるので、『えー!?私も欲しいわ』と言うと、『あなたと私は同じなのだから、どちらももらえば一緒よ』と言われ、納得しました。

頭の上から変なコードが降りてきて、それを頭の上に両者とも差しました。上からコードを伝って、エネルギーが入り込んでくると、不思議なことにそれまで感じていた重たい頭痛が、うそのようにすっきりと消えたのです」

ハイヤーセルフにも、ときに必要なものを与えてあげると、あちらもチャージされ、エネルギーが満ちて、3次元で生きている自分も与えられるものが多くなるものです。

「私が高次元に行くと、待っていてくれた存在がいました。それが、なんと小さなピンクの珊《さん》瑚《ご》なのです。一瞬ちょっと戸惑いましたが、『ハイヤーセルフですか』と私が尋ねると、いきなりにょきにょき大きくなったのです。

ハイヤーセルフに会ったら、何か必要なものをプレゼントしてあげてください、とセッショ

ハイヤーセルフ（高次の自己）は

その人に一番あった姿・かたちで出てきてくれる。

ンの前に（トレーナーに）言われていたので、『何かしてもらいたいことがありますか？』と尋ねると、『私を磨いてください』と言うのです。

そこで、私は一生懸命磨いてあげました。すると、なんと、綺麗な輝く水晶が出てきたのです。

そして、『お返しに、何かプレゼントしてくださいますか？』と尋ねてみると、自らの身体で、ふかふかの大きなゆりかごになってくれました。私は、その中に寝かしてもらいました。なんて心地よく温かなのでしょう！　そして、『自分を磨くことが大切です』というメッセージをハイヤーセルフからもらったのです。そのメッセージを知らせるために、珊瑚の姿となって私に磨かせたのでしょう。

さらに、今抱えている、人間関係の悩みの解決法を尋ねてみました。すると、なんと、はさみが出てくるではないですか。最初はなんの意味か全くわかりませんでした。ですが、しばらくして、その問題の人たちとの『縁を切る』べきなのだと思いました。

ですが、その後、金づちまで出てきたので、『え、今度はその後これで彼らをたたくの!?』と驚いて戻ってきました。

よくわからなくなって、セッションの後、ほかの参加者とこの話をシェアしたところ、『それは、新しい人間関係を新たな人たちと構築しなさい、ということなんじゃない？』と言われ、

「自分を磨くことが大切です。」

ハイヤーセルフ（高次の自己）からのメッセージ。

納得しました。

そういえば、最後ハイヤーセルフと別れるときに、『参加者の皆があなたのガイドよ』と言われたのを思い出しました。ここにいる皆が助け合っているのですね」

そうです、一緒に参加したメンバーは、互いに魂を「磨き合う」関係なのです。その回に一緒になったことも、魂同士が呼び合った、意味のあることなのであり、決して偶然ではない、といつも感じています。

ハイヤーセルフは最高の親友

「ハイヤーセルフに会いました。名前はリリーといいました。金髪の美しい彼女は、白く長いローブを身にまとっていました。

彼女が私にくれたメッセージは『あなたはあなたのままでいいのよ』『いつも笑っていてね』ということでした。この言葉はとても私にしっくりきました。

その後、一緒に遊びましょう、と言って大空を共に飛んだり、丘の上やお花畑の上を旋回しました。途中、湖の上に行きました。私は以前、過去生を見たときにポリネシア人で、水の中でおぼれてしまったため、今生でもとても水を怖がっていました。

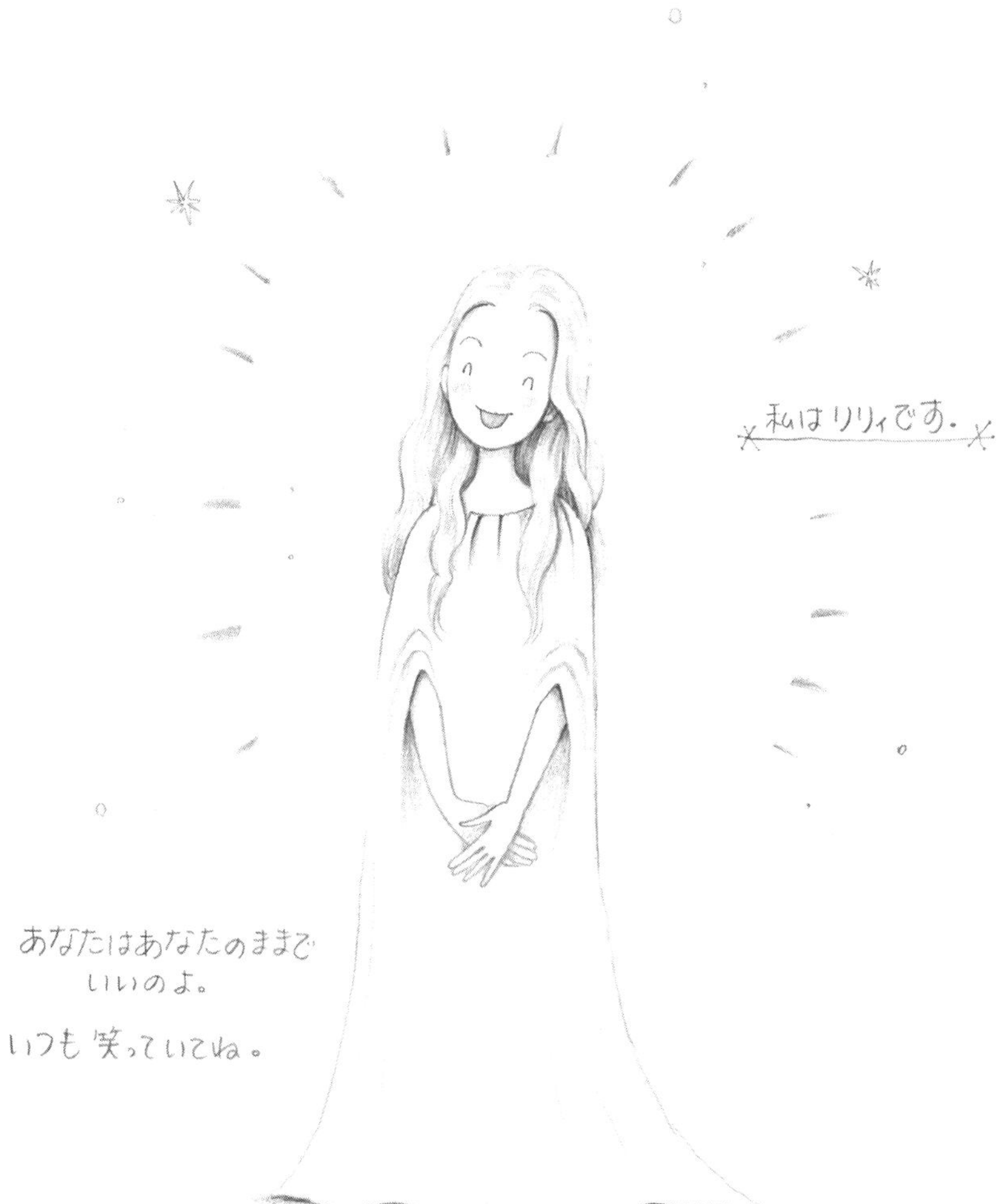
私はリリィです.
あなたはあなたのままで
いいのよ。
いつも笑っていてね。

ハイヤーセルフと出会う…

しかし、湖の周りをお花畑にしてもらったら、怖さがなくなり、その上を飛ぶことができ、また飛び込むことまでできました。もう水が怖くなくなったのではないかと思っています。とても楽しい時間でした。

最後に抱き合い『大好きよ』と言われました。私も彼女が大好きだったので、そのメッセージを送りました」

ときに、ハイヤーセルフは身近な存在として、私たちの友達となってくれます。

しかも一番なんでも自分のことを理解してくれている、最高の親友です。

ぜひ、いつも語り合ってください。

最初はメッセージが聞こえてこなくても、語りかけ続けてください。

そのうちに、いつの間にかあちらからのメッセージが届いていることでしょう。

ハイヤーセルフの声は自分の心の声と間違えるくらい似ていることも多いですが、いつも愛に満ちていて、優しく話しかけてくれるはずです。

「救出」は自分へのヒーリング

リリーフコースでは、フォーカス27まで行きます。フォーカス27は地球で輪廻転生する際に、

フォーカス26以下にさまよっている
スピリットを救出する

休憩する場所であり、地球での経験をもとに総復習勉強し、次の転生に向けて計画を立てるところでもあります。いわば一時的な天国です。

この天国に向けて、この下、つまりフォーカス26以下にさまよっているスピリットたちを上げ、救出するのが、このコースの目的のひとつです。

さらに、ときにそれらスピリットの中には、過去生の自分の姿がいることがあります。それらをフォーカス27に上げてあげることで、自分へのヒーリングにもなり、今生の生き方や状況が好転していくのです。

このコースのフォーカスはより高い次元となるため、意識もより肉体から離れやすくなります。

コース中の出来事です。

「昨夜、肉体から抜け出し、一緒に参加したふたりの女性の部屋に入りました。彼女たちとは以前のコースでも一緒でしたので、何か深い縁を感じていました。部屋を訪れたことを次の日の朝シェアすると、彼女たちも自分が夕べ、肉体のない存在で訪れていたことを感じていたといいます」

また、亡くなった人に再会したいという目的を持って参加される方も、少なくありません。

「たまたま、息子の命日がワークの初日でした。来る途中、電車の中で、私のガイドが光を送

スピリットを光で包んで フォーカス27まで上げる.

っているのを感じました。それが綺麗な星形になり、さらにふたつに分かれて、それらがまるで子どものように戯れていました。息子のことが思い出されてなりませんでした。

するると、急に高次元のまばゆい光が頭の上からさしてきて、私の息子が亡くなってから今まで抱えていた、息子への罪悪感のようなものが流れていったのです」

変化はすでに、ワークが始まる前から起こっているのです。それは、参加することを決めたときから。

また、同じように娘さんを亡くされた方もいました。

「フォーカス23くらいのところで、娘の姿を見かけました。娘は『大丈夫よ』と言ってくれましたが、彼女のためにどうしてあげればよいかわかりませんでした。せっかくここまで来たのだから、親として、何かしてあげたいのに。すると、『光で彼女を包んで、フォーカス27まで上げてあげればいいんだよ』という声がどこからともなく聞こえました。私はその言葉を信じて、彼女をまばゆい光で包んで、上へ上がるようにと願いました。

すると、彼女は輝く光に包まれて、上へ上へと上がっていくではないですか。親として、これほど安心し、幸福な気持ちになれたのは、彼女が亡くなってから初めてのことです」

自分の死に気づかないスピリット

もちろん、全ての人々が亡くなってから、さ迷い、フォーカス27にたどり着いていないわけではありません。特に、地震など大きな事故や事件に遭って亡くなった人々は、亡くなったその瞬間には、たくさんのガイドが迎えに着ており、彼らに見守られて、まっすぐ迷うことなくフォーカス27へ、あるいはそれ以上へと上がっていきます。

「ハリケーンで亡くなった、アメリカの人々のところに行ってみました。ハリケーンで亡くなった人たちを、フォーカス27に救出しようと思ったのです。

ところが、行ってみると、そこにいる人々はほとんど、災害によって亡くなったというより、それ以外のことであるいはそれ以前に亡くなっていた人たちなのではないかと感じました。

カートを引いて歩いている大男に声をかけましたが、気づかないようで、自分を通り抜けて歩き続けています。どうやら、自分が死んでいることにさえ、彼は気づいていないようです。

また、道端に倒れている人がいて、その上を多くの人々が歩いていきます。

『大丈夫か？』と声をかけると、ムクッと立ち上がり、血を吐きました。彼もまだ死んだことに気がついていないようでした。（トレーナーに）言われていたように、光で包んで上のほうに行くように伝えると、そのまま上がっていきました」

予期せず突然亡くなってしまった場合や、死というものを、生前あまり意識していなかったり、死の世界の概念が宗教的にゆがめられていたりした場合、自分の死に気づかないことが多いようです。

そういった人々は、時に何十年、何百年とその亡くなった現場に居続けたり、以前と変わらず仕事に通っているつもりになって、毎日仕事場を訪れたりします。そういった意味では、葬式というセレモニーも、彼らに死を気づかせるのに、大いに役立っていると思います。

ただし、大金をかけた仰々しい葬儀をする必要は全くありません。そういったことは、去り逝《ゆ》く人々にとってはなんの関係もないことです。むしろ、去り逝く人と、残された人々が、互いの生前の思いを清算し、心残りなく別れの挨拶をすることが大切です。

さらにこのコースでは、声のパワーにより、ヒーリングパワーを受け取ろうというワークもやってみました。お経を読むときも、時にまるで歌っているときのような声を出します。声を出すことにより、そのパワーで、次元を上昇しやすくなるのです。つまり、この世にある思いや、スピリットたちをフォーカス27に上げてあげるのに、とても有用なのです。

参加者からは、「声を送るときも、送ってもらうときも、とても気持ちよく、すっきりした」「チャクラが開いた感じがし、色が見え始めた」「頭痛が消えた」「クンダリーニ（第1チャクフォーカス27は、テーマパークのようなところ。

ラから上昇するエネルギー）が上がる感じがした」と、なかなか好評でした。

フォーカス27は楽しいテーマパーク

フォーカス27はとても広いところで、いろいろな施設のある、テーマパークのようなところと思ってください。そこでは、参加者の方々もさまざまな施設を見学し、楽しんだようです。

「フォーカス27のパークが、本当に自然公園のように見えました。亡くなった人たちが最初に訪れるセンターに行ってみると、『まだ、あなた早いわよ』とガイドらしき人に言われていた人がいました。さらに、生まれ変わりの順番を待つセンターに行くと、多くの人々が一列に並んで待っていました」

「自分の好きな場所を、パークに作れるということで、僕は、素晴らしい日本庭園を作り、隣に寝ているKさんをご招待しました。すると、セッション後、Kさんもそこを訪れたビジョンを見ていたことがわかり、驚きました」

皆さんも、将来のために、フォーカス27に自分の好きな場所をいろいろ楽しんで作ってみてはいかがでしょうか。「死」は決してタブー（禁句）ではないのです。

第8章

ヘミシンク・ワーク体験者の声

マリア様のような人から、金色のエネルギーをもらう

私は『覚醒コース』を2回受けました。

その当時、私は会社で事務員をしながらヒプノセラピストの勉強をしていました。現在は、社交ダンスの講師とヒプノセラピスト&チャネラーをしています。

ヘミシンクを「受けてみたい」と思い、ワークの内容もあまり解らないまま参加しました。

フォーカス10へ。

初めての経験で本当に起こっているのかどうか確信が持てず、でも夢を見ているようなビジョンが見えたり、身体の一部分が温かくなったり、光のシャワーを浴びたり、電気が走ったり、額に風を感じたりと不思議な感覚を味わっていました。

この日はガイドと出会い3つの質問をするワークでした。

私のガイドは男性がジョン、女性がメアリーと言ってこのワークへの参加は「もっと高次なハイヤーセルフが連れてきた」と答えをもらいました。

最初の質問では「病気を再発せずに治せますか？」と聞きました。

私は２００３年12月に乳ガンの手術を受けました。幸い初期でしたので、癌細胞のみ摘出と脇のリンパ腺を最小摘出ですみましたが、再発の不安がありましたので、ガイドに頼んでみたのです。

すると、マリア様のような女の人が出てきて、私の左胸に（手術は左胸でした）先が丸くなった棒から金色の光を当ててくれ、女の人の手が私の左胸を被い「もう大丈夫」と言ってくれました。そのとき、左胸に温かいものと額に心地よい風を感じました。

次に「これからの私の使命は何ですか？」と尋ねると「病気になった人の辛さや痛みを知る仕事をしていくこと」とメッセージをもらいました。これはハイヤーセルフからの答えでした。

３つ目に、「メンターが現れますか？」と尋ねると「そのときそのときに、必要なことが起き、現れる」でした。

気がつくと体外離脱をしている

体外離脱を経験するワークと２０２０年の地球を見てくるワークです。

２０２０年の地球は澄んでいて、大陸と海の境目から光が放たれていて、日本が特に輝いていました。

私は今まで体外離脱を経験したことがありませんでしたので、本当なのかどうか確認しようとハイヤーセルフ「ラファエル」にしてみると「もうしているよ」との答えでした。

体外離脱をするときはビンの蓋を開けるように「スポッ！」といった感覚があると思っていたので、はじめは体外離脱をしていたことが信じられなかったのです。

フォーカス21に行くと、心臓がドキドキして身体全体を引っ張られる感じがあり、意識を自分に向け、振り向いたら暗いところにヘッドフォンとアイマスクをして寝ている私がいました。

前を向くと明るい世界があり、川が流れて橋が掛かり、その橋を渡ると光の世界に光の子どもたちが輪になって遊んでいました。

私もその輪に入って遊んでいると、私を見つめる視線を感じたのでそちらを向くと、12年前に亡くなった母がニコニコと嬉しそうな顔で見つめていました。

その場所はとても気持ちよく身体の感覚がなくなるような感じで、全体と一体になった気分でした。

またあるときはガイドのジョンとメアリーと手を繋いで、フワフワと空を飛んでいました。

私が小さなキューピットになり、身体の中を歩いたり、

「これからいろんなところに行っていろんな人と出会い、たくさん吸収して、それらを光としてまわりの人に与えなさい」

「病気が治りますように」とお願いしたら
金色の光のエネルギーをくれた.

とのメッセージを受けてワークが終わりました。

ワーク後の変化

その後は、現実が信じられないくらいの速さで動いていきました。

藤崎さんが本に書かれているように波動が変わったのか、今までの人間関係が変わりました。

一番の変化は、私が人の潜在意識を読めるようになったことです。

チャネリングの力が開発されたのです。これは本来皆が持っているものですが、世の中が便利になり使わなくなった力です。

ある日友人とお茶を飲みながらお喋りをしていたとき、私の中に「離婚」と入ってきました。その友人夫婦はとても仲が良かったので「これは何かしら?」と心の中にしまっておいたのです。

ところが半年後、その友人が離婚してしまいました。

他の人に話していないことや知られたくないこと、答えが出ているのに認めたくないことが波動となって私に伝わってきます。

ちなみに、その人が心を閉ざしていると伝わってこないので、知られたくない方はチャネラーを信じなければいいのです。でも信じていないことも伝わります。

この他、人間関係が変わりました。新しい出会いが増え、一緒にいてとても楽な、波動が合う人たちと仲良くなりました。

私はとても負けん気が強く、弱みを見せるのが恥ずかしい性格でした。病気をしても最初の1年間は「辛い・不安・孤独」を自分ひとりで抱え込んで、人と会うときは明るく振舞っていて、人に甘えたりできませんでした。

ヘミシンクを受けて「見えない力」が私を守ってくれることを実感してからは、弱い面や不安な気持ちを言えるようになり、自然と「感謝の気持ち」が湧いてきて、また、「生かされている」と毎日感じられるようになりました。

以前よく遊んでいた人たちとたまに会うと、芸能人の話・旦那様や彼氏の愚痴・人の噂話で終わってしまいますが、今ではそんな話を聞いた後、何とも重～い気分になってしまうのです。

そうなるとお互い感じるものがあるのか、段々と会わなくなっていきました。

次に父親との関係です。

私は父親のことがあまり好きではなかったのです。

タバコを持ってウロウロする、ドアを開くと開きっぱなし、物を出したら出しっぱなし、ほんとは些細なことなんですが一つ一つ癇に障《さわ》っていたんです。病気をしたからといって優しい言葉をかけてくれるわけでもなく、仕事、仕事の父でした。

やりきれない気持ちから父に当たる私でしたが、父は黙って私の暴言を聞いているだけでした。

そんな私の心が変わったのは、体外離脱であの世の母に会ったときです。

母の笑顔を見たときに「無条件の愛」を感じたのです。

「無条件の愛」は見返りを求めない愛

「愛」は見返りを求める愛

私が父親に求めていたのは「愛」でした。何か優しい言葉が欲しい。もっといたわってもらいたいという気持ちでした。

でも昭和一桁代の父は思っていることを上手く言葉として表現できない性格なんだと理解できるようになりました。

過去生はエジプトの踊り子だった

フォーカス15で、過去生を見てくることができました。出てきたビジョンはエジプトの神殿で、王様の前で踊りを披露しているというもの。

衣装は足首で絞ったパンツで色はゴールド、コインを全身にぶら下げ踊るたびに音が鳴り、

～過去生のビジョン～

エジプトの神殿で　王様の前で踊っていた

胸と腰以外はシフォンのような生地で透けていて、顔も眼から下は透けた生地で隠していました。踊りながら感じていたことは「とても大きな愛で包まれた安心感　オープンハート」でした。

王様と話ができる人たちは決まっていて、踊り子の私はダンスで表現することしか手段がなかったみたいです。

私は王様からの信頼を一身に受けているのを感じられました。

ダンスで表現をする。

社交ダンスのレッスン中先生によく言われたのが、

「心を開いて相手の心の動きを感じなさい」

「〝自分が、自分が〟と思うのではなくふたりでひとつになって表現しなさい」でした。

踊り子の私は、言葉ではなくダンスで心を伝え、王様の信頼を得ました。そしてたくさんの人たちにも安らぎを与えていました。

社交ダンスも心を開いて相手を受け入れないと、硬いダンスになってしまいます。過去世での踊り子、今生でのダンス講師、私は「踊る」という表現方法で「オープンハート」を教えてもらいました。

心を開いてすべてを受け入れれば、必要なことは必然的に入ってくる。人間関係の変化や父へ無条件の愛、病気への不安、全てのことがス～ッと心の中に入ってくるんです。

現世で社交ダンスを教えていますが、過去生でも踊っていたとは笑っちゃいました。

体外離脱の体験を活かしてこの世を生きる

家に帰ればすぐに3次元です。

その3次元でワーク中の体験をどう活かしていくかが課題だと思います。「ヘミシンクのワークに行ったこと」に酔わないで、しっかり地に足を着けてこの世の中にどう関わっていくかが大事です。

このことを理解すると、いろいろなギフトが贈られてきます。ラッキーなギフトもアンラッキーなギフトも。私はたくさんギフトをいただいています。

ヘミシンクを体験して何が変わったかは私には目に見えてはわかりません。

ただ、ヘミシンクから帰ってくると会う人に「スッキリしてるね」「活き活きしてるね」と言われます。

体外離脱をしてガイドやハイヤーセルフに出会えたことは、貴重な体験でした。

さらに自分自身に余裕ができて「良い」も「悪い」も受け止められるようになり、感情に流されなくなりました。1年前に比べて「病気の再発」への恐怖も薄らぎました。

人間は心が変われば波動が変わり、起きる出来事が変わってくる。ヘミシンクは、私が変わるタイミングに必要なワークでした。


（30代女性）

「今生で何をすべきか」知りたかった

私は、「覚醒コース」と、「リリーフコース」に参加しました。

私は以前から、見えない世界に興味を持っていました。そして、ヘミシンク・ワークのことを知り、実際、市販のヘミシンクCDを聴いてみたら、頭を引っ張られるような感じがあり、参加したら何かあるだろうという確信のようなものがありました。

また、「自分はどこから来て、どこへ行くのか。今生で何をすべきなのか」という疑問があって、その答えを得たいという目的があって参加しました。

その答えを、ワークの初日で得られたのです。

「覚醒コース」でフォーカス10に行く前のセッションで、早くも体が抜けるような感じがあり、気がついたら、森の上を飛んでいました。

そして見えてきたのが私の過去生のビジョンでした。

まず現れたのは長野の実家、赤ちゃん（自分）、羊水の中へと、遡っていきました。

さらにエジプトの風景と八ヶ岳、アトランティス時代、再び水の中、宇宙の風景と、移り変わりました。アトランティスだとわかったのは、神殿の一部のきらびやかな門が見えて、これから何かが起きるという大きな不安の中、祈禱している自分の姿が見えて、直感でアトランティス時代の自分だとわかったのです。

フォーカス12でガイドからのメッセージ「全てをひとつにすること」

フォーカス12に行く前のフォーカス11では、上昇する飛行機が雲を抜けていく時のような突き抜けていく感じがしました。

フォーカス12では、フォーカス10から現れていた4人のガイドにまず質問をしてみました。

私のガイドは、顔立ちはインド人のようで長いあごひげを伸ばして杖を持っているゾフさんと、インディアンの酋長のような男性、黒髪ですらっとした女性と、姿かたちは見えないのですが、いつも子どものような声が聞こえてくる光の玉のようなものの4人です。

最初に、

「私の人生の目的は何でしょうか？」

と聞くと、

「全てはひとつである。ひとつに繋がること」

そして、

「与えること」

だと返事がありました。

あまりにも大きな答えだったので、そのためにはどうしたらいいのでしょうかと聞いたら、

「すでにあなたは答えを知っているでしょ」

と返されてしまいました。

「目的が大切であって、手段に惑わされてはいけない。手段や目先のこだわりを捨てなさい」

とも言われました。

細かいことを聞き直す度に、

「すでに知っているでしょ!?」

「あなたのやりたいことは何？」

「手段はどうでもいい」

と再三言われたのが印象的です。

一緒にワークに参加した人たちの中には、なかなか体外離脱ができなかったり、ビジョンが見えなかったりという人が多かったのですが、今、しなければならないことは、皆で繋がることだというメッセージを受け取ってから、「よし、みんなでフォーカス12へ行こう！」と決めました。ひとりで上の次元にへ行くより、皆でフォーカス12へ行くことが大事だと思ったからです。

皆でエネルギー体において、手をつないで行ったら、何人かが上のフォーカスへ行けたようで、とても嬉しかったです。

フォーカス23でスピリットの救出

リリーフコースでの出来事です。

フォーカス27に行けないさまようスピリットたちを救出することは、自分にとって大きな気づきを与えてくれました。

●フォーカス23

フォーカス20～23でさまよっていた白髪の老女と、8～10歳の子どもを見つけたので、「もっと上にいい世界があるから行ってみようよ」と声をかけて、フォーカス27へ導きました。

さらにフォーカス23で出会ったのが次のようなスピリットたちでした。

①鎧を身につけた武田家の落武者に出会いました。

フォーカス27に、自分の癒しの場所をつくるというワークがあるのですが、ここに私の家をつくりました。この家のお風呂に、落武者の彼をお風呂に入れてあげたら、とても喜んでいました。

②私の親族の中でかつて自殺した人を見つけたので、フォーカス27へ上げました。

③豊臣秀吉の時代の隠れキリシタンだったような人に出会い、

「上のほうにもっといいところがありますよ」と声をかけると、その人はかつて庄屋さんだったようで、

「自分はこんなところにいたくないけど、仲間の皆がいるから上がれない」と言うのでよく見たら、彼の背後から10数人〜30人くらいの人々が現れました。彼らが庄屋さんにぶら下がっていたのでしょうね。全員をフォーカス27に上げました。

④クモの糸がかかった廃墟にいくつもの顔だけが浮かんでいる、不気味な光景が現れました。クモの糸を手で取ってあげたらサーッと光がさしてきて、さっきまで見えていた廃墟と人の顔が消えてしまいました。

⑤苦行が大好きで祈りを捧げていた人たちを、「もっと上へ行きませんか」と誘い、フォーカ

ス27へ上げました。

リリーフコースが始まる前は、これらのスピリットたちに会うのがとても恐かったのですが、こだわりや執着の心から光の世界に行けない人たちを見て、「彼らの姿は、全て自分自身でもある」と気がつきました。こだわりや執着を捨てて生きることが大切だと気づかせてもらった貴重な体験でした。

ヘミシンク・ワークは、自分自身を発見できる素晴らしい手段だと思います。人間はどういう存在で、どう生きるべきか、また何をすればいいのかなどを知るためのよいツールです。私も自分自身の発見のために、今後も活用していきたいと思っています。

（40代男性）

金色の光の玉で母を包んであげた

フォーカス21でガイドに「半年前に亡くなったばかりの母に会わせてもらえますか？」とお願いしました。すると暗い森の中の長いつり橋の中央に着物を着た母が立っていました（年は亡くなったときの82歳に見えました）。

ガイドに「どうしたらいいですか？」と聞きましたが、別に返事がなかったので、金色の光の玉で母を包んであげたら、洋服姿の40〜50歳代ぐらいに若返っていて、楽しそうに向こう側のほうへはや足で消えていきました。

その後、ガイダンスの声で、「ガイドへの感謝の気持ちを送ってください」とうながされたので、「ありがとうございました」と言ったら、頭の上がキューッとしめつけられて、雨がふるように涙がこぼれました。なんだか安心しました。


（40代女性）

フォーカス21でハートのチャクラを癒される

亡くなった養母にフォーカス21で出会えるかと思ってましたが、すでにそこにはいないようでした。もっと上の次元に行ったのだと思い、安心しました。

ワーク中はあまりにも眠ることが多かったので、全て明け放してガイドにお任せしたら、フォーカス12で金の光の玉が頭部から入ってきて、ゆっくりと上半身をらせんを描きながら旋回《せんかい》して下りてゆき、ハート・チャクラまでゆっくりと回ってくれました。

最後に浄化してくれたのだと思います。

（50代女性）

宇宙は無限の愛で満ちていた

あまり予備知識もなく参加したのですが、いい体験になりました。

体外離脱寸前まではいつも行きます。一瞬遅れて身体がついてくるような感じで、「ブーン」と耳鳴りがして、手がどこにあるかわからないような感じで、重い体と軽い体のふたつを感じました。軽い方で抜けようと思うのですが、少し遅れて重い方がついてきてしまう、いつもそんな感じでした。

フォーカス21に行くときに涙が出ました。

宇宙は常に無限の愛で満ちていて、それを受け取らないのは自分で……。

宇宙はなんてやさしいんだろうって感じた瞬間涙があふれてきました。

感謝の気持ちを表すときも申し訳ないような気持ちでいっぱいになりました。

とにかくやさしすぎる、やさしさが無限大。

宇宙は何も判断しない。

誰も裁かない。

ただそこに在るだけ。


（40代男性）

エネルギーで感じた「今生の目的」と「父」

フォーカス12で「今生の目的は○○でいいですか？」と聞き、ソプラノ音で返事をくれたらＹＥＳ、バス音ならＮＯとしてくださいと頼んだのですが、音は聞こえませんでした。

そのかわりに、黄色い光がさしてきたので、勝手にＹＥＳと解釈しました。

フォーカス21で父の姿（亡くなったのは25年くらい前）を見たかったのですが見えず、眠ってしまいましたが、ふと気がつくと、涙がいっぱい出ていました。

父には会えなかったけれど、あったかく、嬉しく思い、あとからも涙が止まりませんでした。


（40代女性）

3次元の素晴らしさに気づく

一生懸命、ヘミシンクを聴いた1週間でした。
あの世とこの世を何回も往復しながら、フッと大切なことを3日目の午後に思いました。
それは、この現実世界はなんて素晴らしい美しい世界なのだろうと、この世界をもっと大切に生きなければと学びました。

（50代女性）

懐しい人たちに出会えた

フォーカス23や25で、親類の早死にした人たちや友人たちに会ったことが感動的でした。出会えた人たちは、10代で亡くなった男性3人、女性1人、40代で死んだ男性1人、女性1人の計6人でした。

皆はあの世で苦しんでいるのではなく、うれしそうに近づいてきてくれたので、感動してフォーカス27を紹介しました。

フォーカス27の上へ、すごーく高く昇って父に出会え、そしていろいろ話したり教えてもらえてとてもうれしかったです。

これからも父のところへ会いに行くと約束をして戻ってきました。

ワークに参加して意識が拡張し、魂も浄化されたようで、これからの生活、人生での反映を楽しみにします。


（60代女性）

父との再会

今回の一番の目的は交通事故で死んだ父親に会い、その許しを得ることでした。

最終日の1回目まで何の体験もなく何も見えなかったのですが、2回目の研修では今回が最後だと思い、自分のガイドではなく父親に向かって思いきり「親父出てきてくれ！」と叫んでいました。

すると、私の右手が自然と上がり、その右手を親父がしっかりと握りしめてくれたのです。

涙があふれて止まらなくなりました。

「病気の母を助けてくれ」といったら、力強くもう一度握ってくれました。

こんなにも喜ばしい体験は一生忘れられません。

(50代男性)

ハイヤーセルフの涙がダイヤモンドに!

4人のガイドに会えました。

ハイヤーセルフに会えたことは一番の感動でした。

フォーカス21に着く前から、僕のことを出迎えてくれていました。名前は「サイモン」と言っていました。彼に、

「何か欲しいものはある?」

と聞いてみたら、

「お水」

と言ったので水をあげたら、ハイヤーセルフの「ひとみ」から涙が出てきました。

そしてそれがダイヤモンドに変わり、「ものすごい量」のダイヤが出てきて止まらなくなりました。

「このダイヤを、できるだけ多くの人たちと分けるんだよ!」とハイヤーセルフは私に言いま

した。

別れるときも、フォーカス21からずっと見送ってくれ、

「いつでも会えるからネ！」

と言ってくれました。また、

「今回のセミナーに参加している（スタッフ）全員との出会いにも、深く感謝することを忘れないように！」とも言っていました。

2回目のフリーフローでまたサイモンとダイヤモンドが登場して、今回の参加者全員とスタッフの皆様に、そのダイヤモンドをポケットいっぱいに配れたことも、とてもうれしかったです。

（20代男性）

すべての人が、愛のエネルギーで輝いていた

今から振り返っても、あのワークの日々は、私にとってとても貴重な体験の日々でした。

そして体外離脱という手段で、皆それぞれにとても大切なものを得たのではないかと思います。

ハイヤーセルフ「サイモン」の涙が
ダイヤモンドになった!!

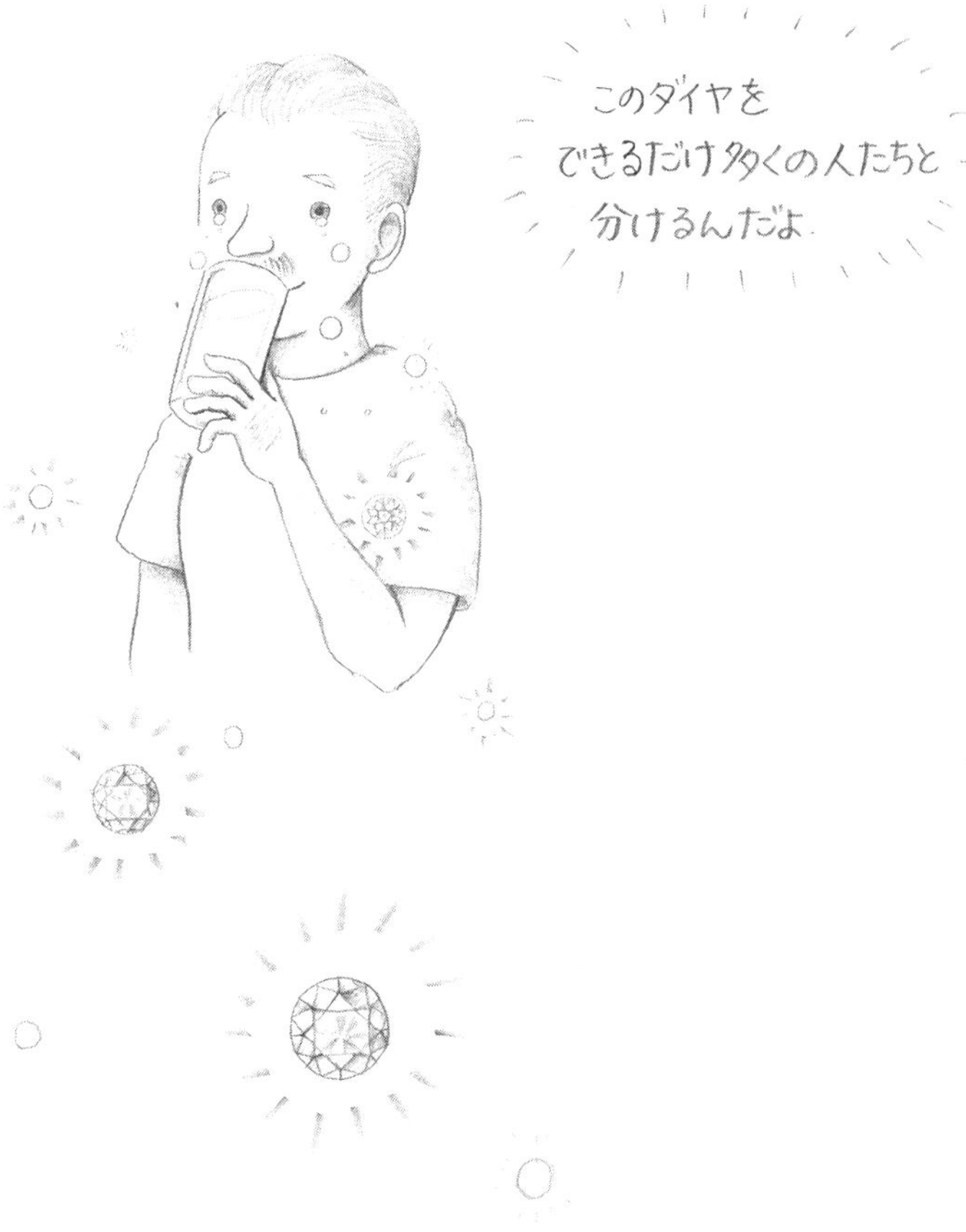
このダイヤを
できるだけ多くの人たちと
分けるんだよ

私の場合、それはハートのチャクラを開くという体験でした。

以前から体脱には興味があり、藤崎さんの話や坂本さんの話をきいたりしていましたが、何より身近にいる友人が、前回のこのワークで体脱体験した話がとても印象的で、それ以来、私も体験してみたいという思いがきっかけでした。

実際体験してみると、体と意識が離れる感覚がとても心地よく、毎回のセッションが終わる度に体が軽くなり、エネルギーが浄化されていく感覚もわくわくする体験でした。

何よりハートのチャクラを開くセッションでは、本当に言い尽くせないほどの至福感を味わうことができました（「創造と表現」～自分を変えたい方向に変えていこう～というワークからです）。

ハートのチャクラを解放して、自分で自分の分身をまぶしい光の中でチューニングしているとき、分身だけでなく、気がつけば自分自身が光の中に包まれて、そしてハートのチャクラの中が小石でジャリジャリした感じがしました。

「この小石を取り出したい」

と思って、右手で一つ一つ取り出していると、まぶしい光がフラッシュ的にやってきて、光の存在を感じることができたのです。

そして説明されたとおり、第6チャクラと松果体とハートのチャクラを光で浄化していると、

ハートのチャクラを解放したら
愛の波動に包まれた。

（セッションの中で）リゾナント・チューニングのときに背中がぼわーっと熱くなってきて、次に胸が広がっていく感じがしました。

温かさが胸と背に広がってきて、背中がゆるんだ感じになりました。今まで生きてきた中で、とても安心で心地よく、安堵した感じです。

そして、ふと気がつくと、私は愛の波動の真っただ中にいました。

愛に満たされた宇宙空間に浮かんでいるという感じで、愛がおしよせてきて、ただ身をまかせているうちに、ありがたくて、幸せで、涙が止まりませんでした。無条件に愛されているというゆるぎない感覚は、何ものにもかえがたいものがありました。

たっぷり味わっているうちに、今、体験しているセミナーのみんなを見てみたくなりました。

後ろの列のKさんからひとりずつ見ていました。

すると、どの人もキラキラ輝く愛のエネルギーを持っていて、純粋で温かくて、本当に素晴らしいエネルギーでした。そのエネルギーを感じただけで、またまた気持ちが温かくなって、うれしくて泣きだしてしまうほどでした。

大丈夫、いつもこの波動がある。

私たちに降りそそがれているという安心感で戻ってくることができました。

この体験によって、私が今まで抱えていたいろいろな恐怖や恐れという感覚を手放すことができました。

愛されているという感覚と解放された感じは、その後も続いています。

いろいろなセミナーやワークショップに行きましたが、私は自分のハートを癒して、解放したいと強く思っていたということに気づかされました。

（30代女性）

ガイドから紫色のエネルギーをもらう

フォーカス21で、ビジョンが出にくくなったときに、ガイドに「エネルギーをください」とお願いしたところ紫色の剣が上の方から現われて、胸の当たりの「ハートのチャクラ」に入り込み、紫色の液状のものが注入されました。

ガイドにお礼を言い、

「腰が痛くなくなりますか？」

とたずねたところ、

「だいじょうぶ」

と返事がありました。

その前までは、セッション終了時にはいつも腰が痛くて足の位置を変えていましたが、そのときから腰が軽くなり、最後まで耐えられるようになりました。

（60代男性）

抑圧された感情を解放できた

「インナー・ジャーニー」のCDのワークのときのイメージです。

①険しい崖の上空で、濃い霧がかかった映像が出てきました。

同時に、とても冷たい空気を感じました。

この光景を見たいとは思わなかったので、「見たくない」と思ったのですがなかなか消えず、「しかたないから見てみよう」と思ったら、崖を急降下。

②切りたった崖の下は川が流れており、その2〜3m上をまっすぐ飛んで行きました。

どんどん進んで行くと、洞窟の中へ入り、狭い中をなおも飛んで行きました。

③出口が見えて出てみると、夜の海でとても静かでした。冷たくさみしい感じがしましたが星空が美しい。

④小舟が一艘。

渡し守が乗っていて、悲しそうにうなだれていました。

「ガイドかな?」と思って呼んでみても答えがなく、舟の中に死んだ人（わらのようなものにくるまれたもの）が見えました。

⑤舟の中のものを開けてみると、黒い水に星が映っていました。

多分、家族を亡くした悲しみや、他のうっせきした感情の解放だったのだと思います。以前にチャネリングを受けたとき「抑圧された感情を解放しないと、限界になりかけている」と言われたことがあります。

ヘミシンク・ワークの参加は必要な選択だったと思っています。

（50代男性）

自分が守られ、愛されていることを知った

セッション中は寝てしまうことが多くてガッカリでした。

参加した目的は、自分の人生の意味を知ること。また、〝あの世〟に近いところに誰もが行けるのなら見てきたいと思っていました。

フォーカス15で、過去生と思われる数人の自分を見ました。また、近未来生の自分も見えま

した（といっても、願望がイメージを作り出してしまっているのにすぎないかどうかは、今後、経験をつんでいかないとなんともいえませんが）。

フォーカス21で、ガイドと思われる人を確信でき（その後数回現われた）、ガイドに伴われ、自分をかわいがってくれた、35年前と15年前に死んだ祖父と祖母が満面の笑みと輝きで現われたとき、涙があふれてきました。

自分が守られ愛されていること、そして、これまでやってきたことや今やっていることに対して、今後も「それでいいんだよ、ＹＥＳ!!」と言ってくれたようで十二分に満足できました。このセッションに参加できたことを感謝します。

セッション参加後にチャクラが解放されたのか、3週間続いていた首のしびれのような痛みがすっかりよくなりました。

（60代女性）

第3の目が開いた？

雑念に関するビジョンを消すばかりの作業にイラだっていたとき、もうまかせよう、もういいやと流れにまかせたとき、暗やみから突然、肉感的な穴がムワァ～ッとあいて、中には思いがけない映像がうつし出されました。

第3の目が開いたのでしょうか？

その後、その穴は見えないままプログラムは進行したのですが、最後のフォーカス21のワークでその穴が出てきて、今度は中は景色ではなく、青味がかったグレーの入道雲のような通路（トンネルがず〜っと私の正面から上にのびていました）が見えました。

出口にたどりつくことなく結局戻ったのですが、顔のほころびがなかなか戻らないくらいの幸福感が、意識が戻ったときにどっと感じられました。


（30代女性）

※トレーナーより
セッション中、人によっては眠ってしまうこともよくあります。それは、今まで使われていなかった脳の部分がヘミシンクによって開発されてくるため、エネルギーが大きく動くので、その間疲れるから「眠る」という現象でその変化をゆるやかに進行させているのではないかと思われます。しかし、ここでの眠りは、モンロー研究所では「クリック・アウト」と言い、通常の「眠り」とは異なるとされています。

必要な現象が必要なタイミングで訪れているのですね。

トマトを象徴とした、肉体的、精神的なエネルギー浄化が

フォーカス10で「解放と充電」のワークをしていたら、左下腹部の痛みが激しくなりました。「解放」したら痛みがなくなりましたが、今度は左わきばらが痛くなりました。

終わりごろ左の鼻がむずむずしてくしゃみを何回かして鼻水が出ました。

その晩不思議な夢を見ました。

亡くなった母が出てきて、ふたりでトマトを買いましたが、ふたつに割ったら中に「黒い丸いもの」と「白いカビのようなもの」があって、

「これじゃだめだよね、洗えばいいのかな」

と話し合ったのです。

ホースで水をかけてトマトの中を洗ったら、右目にじわっと涙がにじんできました。

しかし、まだきれいになっていないと思ったので、掃除機のホースでトマトの中を隅から隅まで吸いとりました。最後に残っていた黒い汚れを吸いとったら、いやなつらいような感じがしました。

それを何度もくり返しているうちに、ふつうの赤いトマトになりました。

そうじをしているあいだ、左下腹部にじんじんとした軽い痛みを感じ、終わったあとも少しじんじんとしていました。ワーク終了後、すぐトイレへ行きました。

自分の中のいらないものを出す必要があったのだと思います。

そして、その後、とても元気になっている自分を感じました。本来の自分によみがえってきている感じです。


トレーナーから「クリスタル」「インディゴ」のお話をされたときに何か反応して、涙があふれてしまいずっと泣いていました。そのあとも、そのことを思い出すたびに涙があふれてきました。

その後のフォーカス21へ上がっていく途中、トレーナーからの「愛を伝えにきたの」の言葉を思い出し、涙が次から次へとあふれて、ただただ泣いていました。

今、ここにいる私をはじめ、全てのものに感謝する気持ちがわきおこってきて、私もこの世で「愛を伝えにきた」のかもしれない、と思いました。

この後、ガイドに会いました。

いろいろな光が現われたので、「私を導いて教えて下さい」とお願いしたら、ジグザグしたような光が、「Mさんに教えてもらえることがありますよ、教えてもらいなさい」と言います。

次に出てきた光のメッセージは「笑顔」でした。

その次に出てきた光は「自分の感覚を信じなさい」というメッセージをくれました。

なんとなく、これで終わりのような気がしたので、次に、「今後どうしたらいいか導いて下さい、教えて下さい」とお願いすると、丸い白い光が、「望みなさい」と言いました。

最後の言葉の「望みなさい」が印象的でした。


（50代女性）

「自分は守られている」ことを実感し、幸せを感じられた

フォーカス21の最後のワーク、フリーフローのときのことです。

両親の祖父母が出てきて初めて「自分は守られているんだ」という実感があり、大変幸せな思いに浸りました。

そのとき、自分の手から出ている気が、お腹の気と同調したような感じがしました。

また、クリスタルの筒をイメージしたときに、強いエネルギーを感じました。


（30代男性）

ガイドは白い発光体だった？

今回は、ガイドにコンタクトをとることと、過去生を見る目的で参加しました。

普段、自分の横に何かの存在がいるということを感じていたからです。

フォーカスに行くワークの途中、たびたびエネルギーが両手にのった重いボールのように感じました。それと、白い発光体がときどき頭上にパーッと現われました。

（60代女性）

亡くなった母は、幸せそうだった

セッションが終わっても何も覚えていないということが多く、熟睡していたのかもしれません。せっかく来たのに、とても残念に思いました。

しかし、最後のセッションのフォーカス21で、「亡くなった母に会いたい」と心の中でくり返しました。

最初は何も見えず、何も起こらない状態でしたが、夕日のような光の中に山のシルエット

（富士山のようだった）が浮かび、右側に何か建物がある夕暮れの暗くなりはじめるころのイメージが突然浮かんできました。

その中心に女の人が立っていて、直観的に「母だ！」と感じると同時に、姿がズームアップし、母が笑顔でいるのを感じられて、

「ああ、幸せなんだ……」

とほっとしました。これだけでも良かったと思いました。

（60代男性）

ガイドに会うことを恐れていた自分に気づく

フォーカスが上がるにしたがって、肉体と意識が別物になっていく実感がありました。呼吸の音をもうひとりの自分が聞いているという感覚です。

これは、自分が無理矢理に作った空想なのか、単なる雑念なのか、それとも、自らわき上がってきたイメージなのか、誰か（？）からのビジョンやメッセージなのか――確信はありません。

なるべく自然にまかせてみようと思い、自然に何かが出てくるのを気長に待とう、身をまか

せようと思ったら、初めて恐怖が出てきました。誰かに崖から落とされそうになっている感じがしました。

ガイドという存在がいるのなら、会いたい、と思っていたのに、自分はガイドに会うのを怖っているということがわかりました。

フォーカス15で、「森の中の山道」、「ひとりの武士（落武者？）」、「恥」というイメージがポッと出てきましたが、この過去生と何か関係しているのでしょうか。


（60代男性）

魂のレベルで縁のある人に出会えました

今回のワークでは、自分と魂のレベルで結びつきのある人と出会えたことが驚きであり、とても嬉しいことでした。

今、解き放たなければいけない問題にも共通点があり、それを解決することは、個人レベルだけの問題ではなくて、地球にも影響することだという共通認識を持つことができました。

具体的にいうと、私たちがうまく関係をもてない人に対して、地球が私たちに与えてくれている無償の愛、慈愛を感じ、本当の愛に満ちた関係をもつことができると、他の人たちにも、地球に対しても、すごいパワーとエネルギーを与えることができると思うのです。もっともっと、ハートのチャクラを愛でいっぱいにしたいと切実に思いました。

（40代女性）

ゼロポイント（ゼロ磁場）を体験する

一番印象に残ったセッションは「ゼロポイント」のセッションでした。イメージを使うことに神経を使わないで、音を聴いているだけでしたが（かえってそれがよかったかも）、自分の身体が膨張していく感覚がわかりました。また、ゼロ磁場はまったく無の状態と思っていたが無ではなく、何かが対流していて（外側は左まわり、内側は右まわりかな）そのバランスがとれて結局ゼロになっている感じがありました。

（50代男性）

エネルギーのシャワーを地球にあげた

体験したことはたくさんありましたが、最初の素晴らしさはフォーカス12で光の場に行ったら、黄色やクリーム色、オレンジ色のフワフワしたカーテンのある部屋にいたことです。

誰かにドアを開けてと言われて開けたとたん満天の星で、深いブルーとのコントラストがとてもきれいでした。あとで考えると、宇宙にドアがあったようでした。

初めて水泳をしたときのように、ふわふわと星空の中を漂い、言葉には表せない満足感がありました。

エネルギーのシャワーを地球にあげたら、キラ、キラ、キラ……と地球を包んでいきました。

最後のフォーカス21では、太陽はないのに真っ白でキラキラと光っていて、下は雲のようにフワフワとしていました。

父に会いたいと思ってガイドに頼んだら父が出てきて、今どこにいるのか聞いてみたら、答えのかわりに雲の合間から、花と野菜のお世話をしている姿を見せてくれました。

（50代女性）

エネルギーが激しくスピンした

ヘミシンクワーク参加後も、自宅で体外離脱できるようになりました。フォーカス10で空中に浮いた私は、フォーカス12に行こうと思った瞬間、身体の中でエネルギーが猛スピードでスピンし始めました。

最初激しくエネルギーが右回転してボラーン！　と大きな穴が開いた頭頂に向かって昇っていくのです。乗り物酔いのような吐き気がしました。

そのときなぜか「右回転では出られないぞ」と思ったら、自動的に左回転し始めました。自分の頭頂にボラーンと穴が開いているのと、エネルギーが激しくスピンしているのがよく見えます。突然スポッ！　と抜けたというか放り出された感じがして、まるで自分が、大砲の弾になったような感じです。

周りを見ると真っ暗な宇宙に星が見えますが、どれも遠くて自分の意識だけが今ここにある感じです。

「宇宙で迷子になってはイカン！　イカン！」と思ってガイドさんに案内を頼みましたが、シーンとして何の気配も感じません。

振動を感じた後、肉体から離れるケース

そのとき「そうだ！　フォーカス12ならガイドさんに会えるかも」と思い、フォーカス12へ行くことにしました。

初めてお会いするガイドさんは、頭が妙に長い老人をはじめ物静かな慈愛に満ちた方など、その他何人もおられました。

（40代男性）

体脱は時間にすると1時間14分～1時間46分だった？

フォーカス12と思われる無意識世界に行ってきました。まるでアポロ宇宙船の帰還のようです。すごく興奮しました。

振動が最初に起きた足元が、汗でびっしょりしており、トレーナーの言うように体脱は、相当なエネルギーを使うことを実感しました。

ベッドに入ったのがＡＭ１時14分、

①少し予感があったのでヘミシンクのＣＤ「Higher」を聴いた。

②ワークで習ったツールを使う。

③いつものように足先から暖かくなる➡フォーカス10にいることがわかったので、「じゅうい

ち・じゅうに」と唱えフォーカス12に行く。
④アファメーション。
⑤気がついたら音楽は終わっていた。
⑥ヘッドフォンを無造作にはずした。
⑦眠りにつこうとし、しばらくすると足先に振動が生じ始めた。
⑧来たと思い、身を任せることにした。
「ここで喜んだり興奮したりするとダメ」とのアドバイスを思い出した。
⑨振動が、体全部に広がる広がる、広がる。いつかどこかで経験したような振動だと思った。
⑩そこからが、すごかった。仰向けに寝ている後頭部の方が、グイグイとジェットコースターのようにベッドの下方に、すごいスピードで引っ張られた。怖かったが、冷静になされるがままにしていた。
⑪突然暗い空間に出て浮かんでいた。
⑫「飛べ」と言ったら、少し薄暗い空間になった。
⑬とっさに「ガイドさんはいますか?」と飛びながら聞いた。
⑭その空間に、彫刻のような逆さまの顔が無数に一面現れた。
⑮「母はいますか?」と、とっさに聞いていた。

⑯突然次から次へと現れる雑踏の中にいた。月明かりくらいの明るさで、母かと思い近寄ると違う人だったという繰り返しであった。いろいろな顔を見て歩いた。
⑰もっと見て歩きたいと思った瞬間、C1に戻っていた。
⑱そして息遣いの荒い自分を発見。
【時間の考察】最長時間1時14分から音楽30分→1時44分→気がついたのが3時28分。従って1時間46分も旅したのか？

【最短時間】1時44分＋音楽終了に気づくまで30分＝2時14分とすると気がつくまで1時間14分。いずれにしてもこんなに長い旅をしていたのだろうか？


（40代男性）

父と妹の手を重ねて、仲直りしてもらった

フォーカス21に3回行きましたが、3回とも亡くなった身内に逢ってきました。想像で見たのか、体外離脱して見たのか自信はありませんが。

私の父はガンで亡くなり、妹は若くして自殺しています。

1回目のワークとき、白い霧の中から白い建物が見えてきて、オニキスのようなつるんとし

た石の外壁の中にテーブルや椅子がサロン風に並んでおり、中央のテーブル席の長椅子に妹が横になっていました。

妹は元気がなく、彼女の笑顔は見られませんでした。私はすぐに体が軽くなり、座っていられず、体が天井から外へ出てしまいました。

2回目のとき、父に逢いたいと思っていたら前回と同じ建物が見えて、中へ入ると昨日、妹がいた席の反対の席に父が座っていました。

父に「妹のことをよろしく頼む」と言ったら「ウン」と返事してくれ、「子どもを大きく育てろ」と私に言いました。

すると、私の体が軽くなって上へ上がって、天井から出てしまいました。

3回目にもう一度妹に逢いたいと思っていたら、また、同じ建物が見えたので中へ入りました。妹は1回目と同じ席に座っていました。

「父とうまくやっているか？」

と聞くと、不安そうな顔でした。妹は生前、父のことがあまり好きではなかったので、父を呼んで、ふたりの手を私が重ねて、「うまくやってください」と言ったら、私が上へ出るとき、ふたりは笑顔で手を振ってくれました。

（50代男性）

可愛がっていた動物に逢う

いろんな動物たちにフォーカス21で逢えました。

もう二度と逢えないと思っていたのに、とてもうれしかったです。

かつて乗馬をしていたときの馬に逢え、ほほずりをして帰ってきました。

また「みんな元気だから心配しないで」と言いながら、祖母、祖父が見送ってくれました。


（30代女性）

光のかたまりのハイヤーセルフに出会う

セッションの中でリモート・ビューイング（透視）が、一番面白く、リラックスできました。

いろいろなプログラムがありますが、すぐに入れるものと、ついていけなくて眠りに入ってしまうものなど得手不得手（?）があるのが不思議です。

フォーカス21でハイヤーセルフに会うというとき、光のかたまりに出会ってしまい、想像していた姿とあまりに違うため、どうやってコミュニケーションをとろうか迷ってしまいました。

ハグしようかどうしようかなど迷いが表面に出たのに、光がずっと私のそばにいつづけてくれたのがうれしかったです。

雲のような中を飛んでいる気分を味わえたり、山の頂上に立っていたり、いながらにして夢のような経験ができた不思議なワークでした。


（40代女性）

フォーカス12で仕事のアイディアをもらう

今回は初めから体がピクピク振動し、初めは怖かったのですが、そのうち気にならなくなりました。

フォーカス10のときはみぞおちのあたりが、フォーカス12のときは後頭部を中心に顔全体が、フォーカス15のときは第3の目のもう少し上あたりを中心に顔全体が振動していることから、それぞれのフォーカスにいることを表しているのではないかと思いました。

つまり、「今フォーカス10にいるよ」という意味で、みぞおちのあたりが揺れてくるのではないかと思っています。

最後にガイドの登場を願ったら、小さなスクリーンに歌舞伎の幕が出てきました。

実生活では、ある朝フォーカス12に入って自分の仕事のアイディアを考えたところ、次々と具体的なアイディアがわき、ここ3年ほどの課題をほぼ解決することができました。

(40代男性)

体内離脱で右肺をきれいにする

①フォーカス12で非肉体的友人ふたり、父、兄に再会できた。ふたりの姿が明確だったことが印象的。

②体内離脱がうまくいった。

右肺の中に入り、黒い部分が赤ピンクになるように変えたら、右肺全部を赤ピンクに変えることができた(左肺は初めから赤ピンクに見えていた)。その他内臓も見えた。

③60歳からの仕事の方向を天秤にかけ、その方針が今まで通りでよいのがわかった。

④フォーカス21に行ったのを体感および目印を定めることに成功。

(60代男性)

「流れに乗りなさい」というメッセージをもらった

仕事がシステム開発・運営会社なので、６日間という時間を作ることが困難でしたが、〝良い機会〟なので思いきって参加しました。

最も印象的だったのは、「水（池）」でした。私は「ファイナルファンタジー」の世界と名づけ、まるで「おとぎの国」のような、妖精たちの飛びかう世界を見てきました。

収穫は、自分の魂（ハイヤーセルフ？）との対話ができたこと、仕事に関するビジョンをいただいたこと、また、ガイドとも出会うことができました。

ヘミシンク・ワークに参加したことで、自分の意識ひとつで、「その場所に行ける」確信が持てました。このことを日常の生活に、役立てていきたいと思っています。

仕事では、現在大きく飛躍するときが来ているので、恐れずに向かっていこうと思います。

希望ではなく確信が得られました。大きな力に導かれています。

「流れに乗りなさい」との答えをいただいたので、自分の信じる方向に向かってがんばっていきます。

（30代男性）

念願だった父親との再会を果たす

フォーカス21のフリーフローで、念願だった亡くなった父親との再会が果たせ、感無量です。若くして亡くなり、非常に暗いイメージの夢にときたま現れ、対話もできなかった父ですが、フォーカス21では、一緒に散歩したり、ラーメンを食べたり、他愛ない会話をすることができました。

これが単なる夢想だとしても、長年待ち焦がれていた夢でした。

私が父と会っているときに、偶然、隣でワークされていたAさんも、亡くなったお子さんと再会されていました。ヘッドフォン越しにAさんの泣き声が聞こえたので、すぐにそれとわかりました。

Aさんはかつて幼いご長男を亡くされ、その後いろいろな方法で再会しようとしても叶わず、このワークでも期待と諦めが交錯されていたそうです。

ヘミシンクに期待するものは人それぞれだと思いますが、他では得られない貴重な体験ができましたことをお礼申し上げます。

（40代男性）

金縛りと振動のあと、金色の世界へ

最近、愛が大事だなぁと思うことがあり、ワークに参加して、襟を正された感じでした。

夜、浅い夢から覚めて再び寝ようとしたとき振動し始めました。

潜水艦のような音でプロプローン、プロプローンと大きく聞こえてきた瞬間、胸が圧迫されてきました。

「怖くない、怖くない」と自分に言い聞かせ、そのまま身を委ねたところ、金縛りが強くなり全身が振動しました。

私の意識の一部が拡張していき、そのままチューブに入り込んでくるりんと、どこかに到着しました。この感じは初めてでした。

左のほうから「ここで私は生まれた」と誰かの声。今思うと別の私の声だと思いました。

そこは点描の世界でした……。

はっきり画像が見えませんが、全体が金色に見えます……。自然と機械がみごとに調和した世界……。とても洗練された印象をもちました。素晴らしいです……。

ワークを終え、家に帰ってから寝るとき、「何か確信できる体験をさせてください」と声に出して言ってみました。

夜中の3時半、全身に今までなかった振動が縦揺れできました。

まっすぐ前に起きようとしたのですがうまくいかず、お腹を中心にくるくる回転してしまい、そのままブーメランのように抜けました。

自由がきかないまま部屋の中を行ったりきたりした後、壁の中に左手を入れてみると、粘土を柔らかくしたような感触がありました。

「今はこのぐらいでいい」と思った瞬間、体の中に戻っていました。


（40代女性）

白竜と4人のガイドでフォーカス27へ

体外離脱するときは、体が熱くほてり始め、足の先から上へ、頭の先から下へ、お腹の中心付近へとしびれが走るような、不思議な感覚でした。

フォーカス12で「私のガイドさんはどこ?」と聞いたところ、白い大きな竜が現われて、そのそばにピタッと小さい竜が寄り添ってゆっくり飛んでいたのがとても鮮明に目に焼きついています。

フォーカス12から、白龍と一緒に旅をした。

フォーカス12からどんどん上に行くと、きまって白竜さんがピタッと寄り添って、一直線に昇っていくので、ガイダンスより先に目的のフォーカスに行って、楽しんでいました。

元に戻るときは、スーッと（真っさかさまに落ちていくような感じで、かつふわふわとした感じで）C1に戻ってしまう。

最後に「フォーカス27へ連れていって」とていねいにお願いして4人のガイドの方と白竜と一緒に連れていっていただいたら、いろんな人が窓から顔を出して笑っているので、私もつられて笑いました。

意識で全てが変わるのだと確信しました。

（30代女性）

「もっと光の中に入っていきたい」と願ったら……

今回のワークでは、メッセージ的なことを受け取ることはありませんでしたが、セッション中に光をよく受信できるようになりました。

一番、印象に残っているセッションは、実はワーク後のことでした。

たえず、「もっと光の中に入っていきたい」と、思い願っていたからかもしれませんが、フォーカス12で黄緑色のオーロラ状の光から、大きな輪状の光が小さく凝縮されていき、「もっと光の中へ入っていきたい」と願い続けると、小さい粒子状の黄（緑）色の一面の光へと変化し、右手の先の一部と両足の先の一部が、肉体から離れている様な感触がしました。

その後一瞬、ウロコ状の光の反射した、海面の前に立つ黒い人物にも見える「写真状」の影を見ました。

今後継続して、ヘミシンクを聴き続けることが自分自身の向上と、楽しみのポイントだと感じています。

（50代男性）

修行僧が10年かけて達成することを数日間で達成

ヘミシンク・ワークでの印象と感じたことです。

①今まで座禅、ＴＭ等で達成できなかった深い状態に入れた。

②今まで見たことのないようなことを種々見た。

・自分の顔を上から見ている。

・トンネルの先に観音様のような像を見た。

・水の中を進んでいる。上が水底で下が水面。
・フォーカス21で鉄板焼きを食べた。
③フォーカス21で、長年目指していて到達できなかった、無の境地に入った。その状況はフォーカス21に入ると光の中に自分がいて、その先は下が白（銀色）で、その上がオレンジ色、さらにその上が白（銀色）であり、自分はその中間に浮かんでいる。
座禅の姿勢をしていたのだろうか？

フォーカス12へ下りるよう指示が来てそこへ行ったとき、私のガイドに私の祖父と会えるようにお願いしていたが、祖父に会うことはできなかった。
④今回のセッションは、修行僧が10年かけて達成することを数日間で達成できる素晴らしいものだと思った。

（70代男性）

フォーカス21で過去生を旅する

ワークショップで印象に残ったことは、フォーカス21に飛んだとき、過去生に行ったことです。

まず、ガイドさんに「過去に行きたいのでお願いします」と頼みました。

すると、現在から子どものころまでに飼っていたペットたち（イヌとネコの計5匹）が現れました。

また、小さい頃住んでいた家に行き、母の若い姿や子供の自分を見つけました。

もっと過去を見たいと思い、それから、母の胎内に入り、胎児になりました。そして、前の魂なのか光の玉になり、平安時代の光源氏のような殿方と姫の姿の映像が現れました。私はどうやらお姫様のようで、十二単《ひとえ》を着ています。牛車《ぎっしゃ》のような車も見えました。

その後、光の中をフォーカス21まで戻りました。


（30代女性）

ガイドは「まるで威厳のない男」だった⁉

フォーカス21でガイドに会いたかったのですが、なかなか姿を見せてくれませんでした。

フォーカス21から帰ってくる途中のフォーカス12で、ガイドに、

「どうして姿を見せてくれないんですか？」

と聞くと、トレーナーを着たまるで威厳のない男が出てきて、

「いっくら出ても、信じてくれないんだもんなー」

と不満気な情けない口調。

あれがガイドだった？

（30代男性）

20年前の答えをもらう

「体外離脱ができる！」という好奇心だけで申し込みました。

実際体験させていただいて、〝それだけではない〟という奥の深さを感じました。

印象に残った体験は、20年以上前に起きた出来事の答えをもらった感じがしたことです。

当時は〝金縛り〟と片付けてしまっていましたが、今思うと肉体から意識が出る……広がる……ことを経験していたと思います（アレはカナシバリではなかった！）。

ワークでは手、脚がジンジンしびれ、光の玉がビュンビュン飛んでいく。

今回はそれを充分に楽しむことができました。

（30代女性）

フォーカス12でやっと現れてくれたガイド

エゴをなくし、調和する生き方へ

私の「今生の目的は何か」の問いに対して、夢の中で20年以上前の友人が出てきました。電車の中で、携帯電話を使おうとする私をたしなめていました。

思い出すと、彼は私のやることなすこと、全て批判していたことを思い出しましたが、彼は本当は私の親友だったと夢の中で気づきました。

エゴの強かった私に、それを気づかせてくれていたんだと思いました。

今生の目的は「全てとの調和」ではないかと思っています。

（40代男性）

友人の愛犬が眼に涙をためて現れた

体内離脱をしたとき、ミクロの世界の自分が自分の眼窩部のふちに手をそえ、のぞいているのが見えました。とても不思議な感覚で、もう一度体験し、全身をかけめぐってみたいと思いました。

フォーカス21のセッションのときは、フォーカス21から12に戻り始めたところで、8年前に亡くなった友人のペット犬（6年前に死亡）が、眼にいっぱい涙をためた顔で現れてくれました。

その時、その犬から感謝のメッセージを受けることができてとても嬉しかったです。

次は、友人が現れてくれることを期待して、フォーカス21へもう一度行きたいです。

股関節が硬く、開きにくい状態でしたが、毎回毎回その部分を癒やしてもらいました。今は痛みはなく、股関節の開きがとてもよくなったのでビックリ！

（30代女性）

ところてんのように意識体が流れ出た

最も印象に残った体験は、初日の最初のセッションでの出来事です。

フォーカス10で、途中で体が棒のようになり、中からところてんのようにエネルギー体が右肩上方から流れ出しました。

流出したエネルギー体はそのまま流れて会場前方に行きましたが、そこで意識はなくなってしまいました。

※トレーナーより
　体から出ても、そこで意識をとどめて、記憶を失わないようにする必要があることも多いのです。

（30代男性）

プラス思考で生きることの大切さを学ぶ

〈出会ったこと〉
①心が感謝でいっぱいになり、涙があふれたこと。
②魂のレベルで人間同士が、つながっていると感じられたこと。
③イメージすることの楽しさを、わかちあえたこと。
④ワークショップの参加者の中に素晴らしい友達を作れたこと。
⑤プラス思考で生きることの大切さを学んだこと。
⑥体外離脱を目的として参加したが、それが不可能であっても、ひとつの過程であることを実感できたこと。
（30代女性）

祝福の言葉は「愛と勇気と行動」

フォーカス15でいろいろな神社めぐりをしたり、聖なる山々をとび回ったり、ギリシャのエーゲ海や、ピラミッドを眺めたりして遊んでいました。

フォーカス21では、虹のかけ橋が見えてほれぼれと見とれてしまいました。下を見たら人間の形をしたビニールのようなもので包まれたものが雑に並んでいたので、キチンと並べ変えてきれいにしました。

また、マスターや天使たちの祝福を受け、言葉をいただきました。

それは、「愛と勇気と行動」でした。

どのフォーカスか忘れましたが、白い宇宙船に乗り、透明なライオンが出てきてガイドしてくれました。

また、グリーンの光のシャワーを体の各部位にかけてくれて、体の悪いところを突貫工事で修理もしてくれました。すべてに感謝します。


（40代男性）

考えすぎるとうまくいかない

ヘミシンクを聴けば、もっと簡単に体外離脱やメッセージを受け取ったりできるようになると思っていたが、認識が甘かったようです。

何回かビジョンや映像が浮かんできたりしますが、そのときすぐに「これはどういう意味だろう」とか考えてしまい、ポシャッてしまう。

何回かやっているうちに、セッション中にどういう意識レベルを維持するのがいいのか、少しコツがつかめるようになってきたような気がします。

今思うのは、やはりツールをうまく使えるようになるのが大切な気がします。

（40代男性）

ハチャメチャな夢は「体験を楽しむ」ことのメッセージ

ヘミシンクのセッションでは、ガイドに会えたり、すごいビジョンが見えたなどということはなく、フォーカス10と12の違いがわかったくらいでした。

一番の収穫は、夢で気づきがあったことです。ワーク中に見る夢は、とても自分に意味があることが多いという説明から、楽しみにしていました。

しかし、今朝見た夢はまったくハチャメチャで、外国人のムキムキマッチョのゲイの人が出てきました。

お尻をさわらせてくれるというので、さわろうとしたら違うデブのおじさんに変わって、また知らない長髪のプロレスラーがライオンを連れてきて追いかけられました。変な夢でした。途中で逃げても仕方ないので、ライオンになめられるままじっとしていたらいなくなりました。

朝、起きて、

「なんで天使とか出てきてくれないの――――！」

「なんで――――こんな夢!?　どういう意味!?」

と混乱したのですが、シャワーを浴びていて、突然、

「人生に起きる全てのことは、自分に期待通りのことでなくても抵抗してはいけない。全てはプロセス。その体験そのものを楽しむことが大事」

というメッセージが、心の中に入ってきました。

「自分の人生で出会う全ての人、家族、こうあってほしいと望むのは自分の我欲からきている。そのまま受けとめよう」と、とってもリアルに体の中に入ってきました。

ハイヤーセルフのメッセージだったと感じています。

セッションそのものも素晴らしい体験でしたが、今回この気づきがあったことをありがたく思っています。今の、私に一番必要なことを教えてもらったと感謝しています。

（40代女性）

体外離脱の跡に水たまり!?

体外離脱をする前に、手の平の下に水たまりができていて、トレーナーに質問したところ、「離脱する際そういう場合もあります」と聞いてひと安心。

その後、離脱を体感し、毎回毎回手の平大の水たまりができていました。

でも即乾いてしまう水でした。

自分の意識で、抜ける・離脱する感触をつかめて非常に有意義でした。

（40代男性）

10名のガイドからエネルギーをもらう

フォーカス15でのI・Tクラスター（と思われる）のビジョンと、数千人と思われる人々が現れて感動しました。

フォーカス21では、カブリを着て杖を持った10名前後の人々に囲まれて、エネルギーを送ってもらいました。

そのとき「ありがとう」と言ったら、涙があふれ出て止まりませんでした。感動！

少し動いたらそこは神殿の中で、この外に数千人の人が見守っていて、その人たちに、「ありがとう」と言ったら、また涙があふれ出て止まりませんでした。最高の感動でした。

（60代男性）

未来の自分からメッセージをもらう

ヘミシンク・ワークで得たものは、

・イメージが容易に出るようになった。

・未知の領域のイメージも出やすくなった。
・ヒーリング力が高まった。
・仕事上の具体的なアドバイスを、未来の自分から受け取った。
・過去生の最期をおとずれ、フォーカス27まで連れていった。
・胸や腰の痛みがしつこかったが、アストラル体のヒーリングによって即座に消滅した。
・普段やっていた作業と、モンロー研究所のフォーカスとの一致する点が理解できた。
・ガイドから指針を受けた。
・恐怖心を減らすことができた。
・幼少期トラウマの解消。
・宇宙へ行ったビジョンが幻想的で美しかった。
・上のフォーカスに短時間で行けるようになった。

(40代男性)

「心の平穏を得たい」という答えを見つけた

申し込みをした動機は、仕事での負担増によるいきづまりを何とか打破したい、と同時に現

フォーカス21で
杖を持った人たちからエネルギーをもらう

実逃避したいというものでした。

元来、精神世界には興味があったので、心身の休息もかねてワークショップを受けてみたいと思いました。

実際、ワークショップ中のほとんどの時間は、疲れをとるのに費やしたようなものでした。具体的なビジョンを見たりガイドに会うといった体験はできませんでしたが、参加してよかったと思っています。

日常生活から離れて、一日中瞑想をしつづけるという体験は、いかに自分が普段の生活の中で思考や感情の波にもまれ、いきづまっているかということを気付かせてくれました。

フォーカス15で、「自分の未来をどうしたいか」と自問自答したときの答えは「心の平穏が得たい」というものでした。

今後も地道に自分なりに、成長を続けていこうと思いました。


（40代男性）

「肉体の限界を超えて生きなさい」

フォーカスが上がるにつれてとても気持がよく、身体が深く癒され安らいで、温泉に4～5

泊した後か、全身エステを受けた後のように、深いリラックスを味わいました。

どのセッションもスムーズにいき、もりだくさんの成果をいただきました。

日常生活の中で起こることの変化や、自らの成長がどのようにあるのかなど、これからの楽しみにします。

フォーカス15で父母に会って、よいメッセージをもらえたので、とてもうれしかったです。

今生のやるべきテーマとして、「この肉体という限界の中にいて、この現実世界の限界を体験し、その限界を超えて生きる」ということを大切に意識し、トライしていくつもりです。


（30代女性）

ガイドらしき人、「ガンダルフ」に会えた

フォーカス10はひたすら暗闇で、紫の光がまるくなったり伸びたり色々形を変えながら、浮かんでは消えていくのを待っているだけの世界でした。

フォーカス12の何回目かのセッションでガイドらしき人物、「ガンダルフ」に会えたのが一番興奮しました。

しかもその後「ガンダルフ」の存在を、近くに感じ続けることができました。

フォーカス21では亡くなった祖父ふたりと会えました。

おととし亡くなった犬にも会えてとても懐かしかったです。

相部屋の方がとてもいい人でとても気が合ったので、やはり縁があるのかなあとうれしく思いました。


（30代女性）

ハートのチャクラに問題があることがわかった

「ガイドと交信したい」というのが第一の目的で参加しました。

今までも多分いてくれてるのではないか、という気がしていたのですが、確信は持っていませんでした。

今回、各フォーカスで「合図をして」と頼むと、光をふわーっと見せてくれたのでその存在を確信できました。

そのうち、姿が見えるようになるといいなぁと思っています。

フォーカス10～21を経験してみると、その違いがよくわかりました。

フォーカス21では本当に身体がなくなったような、ものすごい軽さで、戻ってくるに従い、身体を感じるようになりました。フォーカス15でもっと過去生の探索をやりたいと思っています。

今回のワークで、自分のハートのチャクラに問題があるとわかりました。胸がキリキリ痛むからです。その原因をさぐり、浄化していきたいものです。

（30代女性）

フォーカス21で上質の温泉に入ったようなくつろぎを感じる

フォーカス15で、全エネルギーを感じるプロセスのとき、まるで自分がサイババかスーパーマンのように、できないものは何もないとの充足感と喜びを強烈に感じました。

フォーカス21で、頭の先から足の先まで身体の細胞が活性化し、上質の温泉にゆったりつかったようなくつろぎや満足感があり、今まで経験したことのないような至福感に包まれて、フォーカス10に戻りたくなかったほどです。

（50代女性）

「いつも近くにいることを忘れないで」

フォーカス10の身体が眠った状態にはなりやすいのですが、怖いという気持ちがじゃまをして、なかなか先には進めませんでした。しかし、メッセージは受け取ることができました。

「怖がらないこと」

「いつも近くにいるということを忘れるな！」

「続けていくこと」

私にはこれらが重要なことばかりだと思います。

今、種が土の中で成長しているなと実感しています。

ここで学んだことを、自分なりにマイペースで家で続けて次のステップにしたいと思っています。

（30代女性）

愛を広げること

フォーカス15では、仕事上の具体的なビジョンやアドバイスをもらいました。

フォーカス21では、神龍仙人（シャンロンシェレン？）がガイドとして現われ、私自身が生まれる前に約束したことをやり通すことだと諭《さと》されました。

また、業（カルマ）や因果を消すために今生があること、正しいチャレンジとは何かなどをまわりの人に伝えて愛を広げることが大切だと教えられました。

物や心、魂など、全てのものに波長があって、また音や色があるということがわかりました。


（50代男性）

2020年の未来の自分を見る

セミナーが進むにつれ、フォーカス10〜12、フォーカス15〜21と順調に得るものがありました。

いろいろな場面でガイドに会えてアドバイスをいただき、また亡き人にも会えて、満足できました。

ガイドから、亡き愛する人は、「フォーカス30で光に包まれているから安心しなさい」と言われ、本当に心から安心できました。

２０２０年の未来の私の姿も見ることができました。私は赤ちゃん（孫？）を抱いていて、私の子どもが周りを囲んで嬉しそうにしてくれていました。

大きな幸福に包まれていた光景を、忘れることができません。

ガイドはどこに行くのも一緒でいつも見守ってくださっている、いつも自分の側にいるんだなぁと実感しました。

（40代女性）

第9章

その後の体験　6、7次元へ

愛で満たされた時空

あるとき瞑想をしていて、6、7次元の高いところに行ってみようと思いました。

現在のモンロー研究所で使われている最も高いフォーカスでさえそのレベルにはありません。

丸い筒状のエレベーターをイメージし、宇宙空間に上がっていきました。

そしてさらにそこより上の6、7次元レベルを意識しました。

すると、行き着いた場所は、なんと光の世界でした。

白くもやがかかっている感じもしますが、光に満ちていました。愛に満たされ、肉体の重力がまるでなくなったかのように、ただ漂い、全てを愛で満たしてくれているのです。

しかし、しばらくすると、何か面白いものを探しに行きたいと思うようになりました。

なぜなら、そこは確かに心地がよいですが、それ以上そこにいてもなんの変化も、具体的なものもないからです。

ロバート・A・モンローの話で、彼が私と同じように心地のよい満たされた時空に行ったときのものがありました。

彼はそこをとても懐かしく思い、しばらくそこにいましたが、そのうち思い出してきたので

6、7次元は、
光と愛に満たされた世界。

す。確かにここは素晴らしく満たされたところだ。しかし、とても退屈なところだ。

そうだ、以前も確かここにいたとき、そのように退屈を感じ、結局何か面白い体験をしに地球に行くことにしたのだ、と。その状況にとてもよく似ているな、と後から感じました。

私は結局、もう少し具体的な人か何かがいるところまで次元を降りていきました。

すると、私のガイドらしき人々が集まってきました。ですが、彼らガイドとも、他人というより、自分の一部として繋がっている感覚が、より下の次元で会ったときよりするのです。

彼らは、私が地球で行っていることをただ受け入れ、やさしく私の全てを受け入れています。

ただ、そのままに。そして、私自身も私のことをまったく裁かず、ただ地球を眺めながら、「こういうことをしてきたよね。次はこうしようかしらね」と話しているのです。

その淡々とした感じは、地球の感情的な感覚からするととても不思議でした。

本当に淡々としているのです。

地球の最大の特徴は、感情があることだといいますが、本当に感情から抜けると、自分がまるで空の雲や霧になったかのように、全てを無機質にとらえるのです。

地球での、日々笑ったり怒ったり、泣いたり悔しがったり、自分を責めたり、という全ての感情的営みは、時にとても地球での生活を楽しくさせるものであり、時にとても大変に思わせるものです。

ですが、この高次元での無機質な感覚を思い出すことにより、本当は、全ては無機質な存在となりえるのであり、ただ空の雲と同じように、見つめているだけでも流れていくものなのだと思えば、とても気楽に生きられることでしょう。

だから、この感覚を思い出すためにも、私たちには瞑想したり眠ったりすることが必要なのです。

竜と一緒に宇宙空間へ

別のときに宇宙空間へと飛び立つため、瞑想していたときのことです。トンネルを使って、宇宙へと上がっていきます。どんどん、どんどん、トンネルの中に入っていきます。

どんどん、どんどん、……あれ？　出られない……一体どこまで続いているんだ、このトンネル……？

どこまで行っても終わらないトンネルに、「これは、何がなんでも自力で出るしかないか」と意を決してトンネルの途中から無理やり外に飛び出しました。すると、それは大きな大きな竜のお腹だったのです。

竜は4次元の存在といわれます。竜の背中にまたがり、まるで『まんが日本昔ばなし』のオープニングのシーンさながらに、宇宙空間を漂いました。

でもそのままでは、どこまで行っても果てしない宇宙なので、「どこか素敵なところに連れて行って」とリクエストすると、竜は、大きな大きなわっかのついた惑星に連れて行ってくれました。

わっかにはよく見るときらきらと真珠のような玉が無数に光り輝いています。あまりの綺麗さに思わず見とれていました。ずっとこのまま漂っていたい……。いつまで見ていても見飽きないほどの美しさでした。

自分のDNAも決められる

ヘミシンクを聴くと、普段の瞑想でも、よりさまざまな面白い出来事が起こるので、長時間でも集中でき、また高い次元にアクセスできるようになるようです。

あるときに瞑想をしていたら、DNAの転写についての情報が入ってきました。DNAの転写により、私たちはそこに入っている雛形のデータをもとに、たんぱく質を作り出し、細胞、ひいては身体全体を構成するわけです。あるいは、雛形から同じものを大量生産したり、繰り返し作り出すこともできるのです。

ですが、例えば、両親から子どもができる場合など、大きくもとのＤＮＡ情報が変化する機会に出会ったとき、そのうちのどの情報を発現させ、器官として作り出すかは、実はその人が全て選んで決めているのだ、というのです。

つまり、生まれてきた子どもは、生まれるときに親のＤＮＡをショッピングして決めているというのです。また実は、生まれてからも、本人の意思により、どのＤＮＡを発現させるかを選ぶことができ、実際に選んでいるというのです。

言い換えれば、たとえ遺伝子レベルの病気であっても、本人が深い意思の部分で治ることを選択すれば、治るということです。ただし、あえて人生の学びのために病気であることを選んでいることもあります。

第10章

愛と癒しのコース
フォーカス18へ

無条件の愛を受け取るフォーカス18

このコースは、主にロバート・モンローの4人目の奥さんである、ナンシーペンの亡くなってからのサポートを受け、ロバート・モンローの実子である現在のモンロー研究所の所長ローリー・モンローが作り上げたものです。参加者は、宇宙からの無条件の愛を受け取り、ハートを広げることを期待されます。

自己を愛し、自己を信頼し、無条件に受け入れることにより、ハートは広がります。それは、許しであり、理解であり、心の静寂へと入っていくことを意味しています。

心のブロックをはずし、解き放つのです。

ここでは主に、フォーカス18を旅します。フォーカス18だけ、なぜ他のコースからはずされているかというと、フォーカス27までができあがった後に、高次の知的生命体ミラノンによって伝えられ、発見されたフォーカスだからです。

このコースでは女性が多くて、男性が少ないというイメージでした。実際、日本人S氏がかつて参加した際には、男性はほんの少人数だったといいます。しかし、ほんの数年のうちに状況は変化し、今ではついに男性の参加者の方が過半数を超えることもあります。

このようなワークにおいては、女性参加者が圧倒的に多いのが一般的ですが、モンロー研究所のワークは一般的に男性がほとんどを占めることがあります。

それは、モンロー研究所のメソッドが、他に類を見ない、実験的で科学的手法を使ったものだからでしょう。しかし、その中にはふんだんにスピリチュアリティーが盛り込まれているのです。

最初のコースであるゲートウェイ・ヴォエイジでは、アメリカに限らず日本においても、参加者の人々は、ただ体外離脱やサイキックな不思議現象のみを、時に興味本位に求めてきて、それが得られないとそれだけで挫折してしまって、物事の本質を見ない場合もあります。

確かに、その気持ちも理解はできます。ですが本質はもっと他にあるのです。

つまり、本当に大切なことは、自分の恒常的なエネルギーを上昇させ、例えば人間関係のような毎日の出来事をより叡智に溢れた見解で見ることや、愛に溢れた気持ちで毎日を過ごすことにあるということにあるのです。

ところが、このコースでは誰一人として最後まで体外離脱についてすら、口に出すことはありませんでした。皆、全くそこを求めてはいないのです。それは、皆が物事の本質ではなく、それ以上のものを受け取る必要があり、ヘミシンク・ワークで受け取れるということをわかっているからです。

男性がこのようなハートのワークに興味をもち、参加するようになったのは、アメリカがとは言いませんが、モンロー研究所を取り巻く彼らの社会が成熟してきたからだと思います。男性がハートを癒すことに興味を持ち始め、実際に癒していくと、いよいよ社会全体が次元上昇を始めます。それは、男女のエネルギーバランスが取れてくるからです。

陰陽論的にいうと、男性の陽のエネルギーと女性の陰のエネルギーがうまく絡み合って、初めてエンジンが動き始めるのです。

実際、このコースに参加していた男性は、皆とてもハートフルで優しいエネルギーを持った人々でした。全体的なチャクラのバランスが比較的とれているのです。

今までは、男性は子どもができてから初めて、父性を養い、ハートが活性化する、と言われてきましたが、これからは、宇宙からの無条件の愛を受けるべく、独身であっても自らハートを広げていこうとする傾向が高まってくるでしょう。

ハート・チャクラのエネルギーは、創造性のエネルギー

このコースでは、ただヘミシンクを聴くだけではなく、さまざまなワークをします。

ハートのチャクラのエネルギーは創造性のエネルギーでもあります。創造性とは、芸術的な

発想や仕事での新しい発想はもとより、子育てや未来を自分の思うように創っていくことでもあります。つまり、願いを叶えるエネルギーともいえるでしょう。

もっと端的に言いますと、微細なエネルギーを3次元のものとすべく現実化させるのです。

そのために、グループで言葉により互いに気持ちを交換したり、粘土でものを作ったり、チャクラワークをしたり、踊ったり。皆、とても子どものように楽しみました。最初、ちょっと抵抗がある人もやり始めると、本当に熱中してやっているのがとても印象的でした。

実際、子どものころの傷ついていた自分が出てきたり、現在の心理の隠れた部分が出てきて、解放のプロセスの中に私たちはいました。

中には、とても大変なものを解放しているらしく、プログラム中、ほとんどずっと感情が溢れている人もいました。皆よく泣きましたが、でも、最後にはとてもすっきりとした表情で、プログラムを終えることができました。

実際、今回はトレーナー自身にも、私生活の上でつらい出来事があり、それを乗り越えるのに必死のようでした。

全ては必要があってこのときに起こっているのだと、実感しました。プログラムの中での皆のエネルギーはとてもやさしく、お互いにサポートしあう環境でしたので、安心して思いを素直に表現することができたのです。

最初にそれぞれに、ファーストネームのイニシャルと同じイニシャルで始まる単語を使って、自分を形容する言葉を考え、自己紹介しました。例えば、私は〝Chie〟ですので、〝Cheerful（快活な）Chie〟といった具合にです。皆思い思いの形容詞をつけて、それぞれの名前を覚えました。他の人の名前を覚えるのが苦手な私でも、これなら割と覚えることができました。

実際自分に形容詞をつけてみると、そのように振舞う傾向が出てくるようです。思い込みの力はすごいですね（笑）。

最初のセッションでは、リゾナント・チューニングを行いました。

ヘッドフォンをつけてヘミシンクを聴きながら、皆が思い思いに「アー」と声を出します。声を出すことで、のどのチャクラが開くのです。

のどのチャクラは構造上、最も詰まりやすくなっているため、これを開くことで、全体のチャクラのバランスがとれ素晴らしく活性化してくるのです。

声を出しただけで本当に第3の目が活性化しているらしく、私の場合、目の前に真ん中を中心に波紋が広がるような、かつ波打つような情景が見えてきました。

セッションは、フォーカス10からステップを追って、順にすすんでいきます。

両親も昔は小さな子どもだった

「両親を許す」というセッションがありました。

私たちは、確かに多かれ少なかれ、両親によって傷つけられた部分があります。つまり、癒される必要のあるインナーチャイルドがいるのです。まず、その小さな自分を癒します。

ですが、子どもは両親の学びの助けをするために生まれてくるともいいます。

私たちは、本当はわかっているのです、私たちの両親もまた、子どもの時代があり、時に傷つけられた子どもだったということを。少なくとも私たちの魂は、知っているのです。

両親の子どもの時代に帰り、泣いている両親の姿を見て、許してあげるのです。そして、もうこのような地球的な、幾世代にも渡る傷つきの因果を断ち切り、子どもが親を恨み、またその子どもに同じような恨みを生ませるということとの繰り返しを止《や》めるのです。

これは、実に深い解放であり、すぐにできるほど簡単なものではありません。ですから、全部を無理して解放する必要はない、とトレーナーは付け加えます。可能な限りでよいといいます。

私にとっても、とても大きなテーマであると感じたため、いろいろな情景が出てきました。

果たして全てを解放できたでしょうか。

でも、焦る必要はありません。ただ、少しずつでも、その思いを手放す方向に努力して向かっていることが大切なのです。

実際、このテーマはどの参加者にも重く、この後のセッションにおいて、つらそうな表情を浮かべる人も見受けられました。でも、全ては解放に向かいつつあるのです。そして、皆のインナーチャイルドが少しずつ笑顔を取り戻しつつあるプロセスであることは、感じられました。

あまりに大きく感情のエネルギーが動いたので、私はセッションの合間に、近くの森の中に入っていきました。そうして、森の中を歩いていると、一本の大きな木が目に入りました。大きくて優しいエネルギーを持つ木です。一体何の木でしょうか。名前はわかりませんが、何千年もここで生き続けてきたことは確かです。

私はそっとその木に両手で触れてみました。優しいぬくもりを感じます。そして、私の疲れたエネルギーを優しく吸い取ってくれているのが分かりました。「私を癒してくれようとしているのね、ありがとう」心の中で、そうつぶやきました。

しばらくそうしていて、すっかり癒された私は、また会いに来ることを約束して、その場を後にしました。

自然のエネルギーを味わうセッション

次の日のセッションで、植物や動物・昆虫といった生物のエネルギーを味わい、次に火・水・風・土の元素のエネルギーを感じ、最後に地球の核へと向かいます。

私は、昨日仲良く語り合ったモンロー研究所の敷地内の大きな木をすぐに思い出し、そのものとを今度は私というエネルギー体で訪れました。そして、その木の根もとの真ん中に入ってみたのです。そこは、何千年も生きている木の、最も古い記憶が入っているところでした。アメリカン・インディアンが生きている時代が目に浮かびました。そして、この木が多くの他の木々と非言語的方法で語り合ってきた状況がわかりました。どっしりと深い、落ち着いた木のエネルギーです。この木が周りと調和しながら、さまざまな動物や人を癒し、智慧を蓄えてきたということが理解できました。

植物、特に木々は時に深い考えと癒しの力を持っています。私たちより叡智に富んだ存在なのではないかとさえ思えることもあります。人間だけが話し、物を創造するから智慧に長けているというのは、私たちのおごりなのかもしれません。

しかも、彼らには深い愛があります。疲れたときに、私たちが緑を求めるのもそこに理由があるのでしょう。物思いにふけりたいとき、森や公園に行きたくなるのもそういったことからでしょう。

木々は優しく、そんな私たちを見守って、エネルギーを与えてくれているのです。ただ無条件に、何の取引もなく、見返りも期待せず……。

動物については、森の中にたくさん生息しているリスの中に入ろうとしましたが、すばしっこく落ち着きがないので、もう少し動きと思考がゆったりした動物を探しました。すると、鹿が目にとまったのです。

鹿もまた、とても賢い存在で、遠く森から私たち人間の所業を見守っています。時にとても警戒心をもっていますが、特に森については、私たちの類が遠く及ばないほど、彼らはよく理解していることがわかりました。森と共に生きていくすべを彼はよく知っているようです。

火のエネルギーを感じると、身体全体がとても熱くなるのを感じました。身体全体が火に包まれています。真っ赤にほてった身体を感じます。火のエネルギーを取り入れるだけでこれほどまでリアルに熱く感じられるのかと、本当に驚きました。

次に水です。水は子どもの頃から大好きでした。水風呂の中に頭から飛び込んで泳いだらさぞかし気持ちよいだろうと、子どものころは思っていました。私が乾燥肌で、水分を潜在的に求めていることとも共通しているのかもしれません。時に、水の優しい心地が心を潤して、ストレスなどを流してくれるのを知っています。

風は、つかみどころがなく、ちょっと無責任な感じ、でも自由奔放な感じを受けました。上空を風にのって高く舞い上がると、実に心地よく、日ごろのごたごたした雑事もどこかに吹き飛んでしまいます。

土は、落ち着いて、穏やかで、温かく、肉体の母でした。そしてそのまま地中深くもぐっていき、最後に核に到着しました。「地球の核に巨大な水晶がある」というガイダンスがヘッドフォンから流れました。丸く透明で巨大な水晶が現れました。その中に入ると、ピーンと張り詰めた感じがします。でも優しい光に満ちています。

「全てを愛しなさい」セントラル・サンからのメッセージ

しばらくその優しいエネルギーの中にいましたが、「そうだ、セントラル・サン（創造主の光）のところに行ってみよう！」と思い立ち、私はそこからジャンプしました。

黄金の光が輝いています。とても温かい母の光です。「お帰りなさい」と私を迎えてくれています。

私は思わずその中に飛び込み、「ずっとまた会いたいと思っていたのよ！」と心で叫びました。すると、優しいエネルギーが私を包み込みます。そうしながら彼女は言います。

「地球の全ての鉱物、植物、あらゆる生き物は、あなたと同じ、私の大切な愛しい子どもたちです。つまり、あなたの兄弟姉妹なのです。だから、愛しなさい。全てを愛しなさい」

でも、彼女のもとにいることはとても素晴らしい居心地で、とても去りがたく、「あなたのエネルギーが好きで、あなたとこうしていたいのよ」と言いました。すると、

「あなたはいつでも私と繋がることができます、どこにいても」

そういって、彼女は両手を差し出しました。

実際には、金色に輝く光の玉の前に、手の平が出てきたという感じに見えました。そして、彼女の両手の平からは温かい金色の光が溢れています。

「手と手を合わせると、この間にはいつでも私のエネルギーを感じることができます。このエネルギーを胸の前で感じて……」

間もなく、帰還のガイダンスが流れました。次第に肉体の意識の中に戻ってきます。そして、肉体と共に目覚め、思わず両手を胸の前で合わせてみました。

「そうか！　胸の前で手を合わせるという行為は、セントラル・サンと繋がる手段であり、彼女のエネルギーを自分のところに引き寄せる方法だったのね！」と気づいたのです。確かに、不思議なことに、セントラル・サンのところにいたときと同じエネルギーを胸に感じます。

それは、深い安心感を与える、大きい愛のエネルギーです。私は、セッションが終わっても、しばらくそうしてその温かなエネルギーを感じ続けていました。

シェアのとき、そのことを最後に皆に話すと、60歳代くらいの男性参加者が、

「そう、確かに胸の前で手を合わす行為は、高次のエネルギーを降ろす方法と、実は昔からいわれていたのだよ」

と言いました。

高次の愛は、いつでも私たちのところにあるのです。


いよいよ最後の夜となりました。私たちは研究所内のキャビンに集まり、自由に歓談を始めました。すると、ある若い男性の参加者の一人が、ある師から空中に浮かび上がる方法を教わったというのです。

彼は今まで1回だけそれを試し、成功したことがあるのですが、それっきりやったことがないので、またできるかはわからないと言います。皆、思わず好奇心にかられて、再度やって欲しいと頼みました。

彼は立ち上がり、皆の前に歩み出ました。横に両手を広げて立っている彼を、皆固唾《かたず》を呑んで見守りました。そして……上がったのです!!

それは、空中10センチくらいで、しかもほんの1、2秒だったかと思いますが、確かに靴底と床との間が空いていました。しかし、ジャンプしたわけではありません。なぜなら、彼は勢いをつけることなく、上がる直前は、ただその場に立っていただけだったのですから。

その後、彼は私たちのところにふらふらと歩み寄りながら、呼吸を荒《あら》らげています。

皆、実際、彼がそのまま死んでしまうのではないかと非常に心配しました。思わず「ど、どうしたんだ？　大丈夫か!?」と皆が言いました。

しかし、彼はしばらくすると「大丈夫だ、ただ、あまりに多量の愛のエネルギーを取り込んだので、少しふらふらするだけさ」と言ったのです。

一同、ほっとしたのは言うまでもありません。その後、彼は「とても気持ちがいいんだよ、愛に満ち溢れているという感じなんだ」と言うのです。

実際彼は、普段でも本当に無条件の愛に溢れた人でした。休み時間に他の参加者に水晶でヒーリングを施したりして、しかもその奉仕を楽しんで行っているのがとてもよく分かりました。また、若いにも関わらず、経済的にもとても成功していました。つまり、現実面においても、エネルギー的にとてもバランスがとれているのです。

私は今回、愛について、プログラムからだけでなく、参加者の人々から本当に多くのことを学びました。こんなに素晴らしい人々に出会えたことに、本当に感謝しました。

おわりに

私は、今年はずっと「愛」というテーマを突きつけられてきました。

自分自身も、「愛」について今一度考え、浄化し、より大量の愛を受け取るようにならなければならないのです。

そうした上で、ほかの人にも自分の気づきをシェアして、広げていかなければならない、それが私の仕事だと感じていました。

実際、「愛」にまつわるさまざまな出来事が起こりました。

あるとき、ヘミシンクを聴きながら、「創造のエネルギーをください」と高次元に向かってお願いしてみました。

すると、遠くのほうから光の玉が見え、それが私をめがけて降りてくるのです。そして、私の胸の真ん中、つまりハートのチャクラに入りました。

ああ、やはりここなのね。私は心の中でつぶやきました。

さらに、その夜寝ていると、明け方、なぜだか右手に異様な痛みを感じ始め、その痛みによって次第に意識が覚醒していきました。

すると、不思議なことに、私はひとりでにぶつぶつと何やらつぶやいているのです。それは、「あなたはなんでも創造できる、あなたはなんでも創造できる…」という言葉でした。

それをずっと、無意識に繰り返しているのです。なぜ自分がそのようなことをつぶやき始めたのかはわかりません。

ですが、昨夜「創造のエネルギーをください」とリクエストした答えであることははっきりしていました。

つまり、「あなたはもうすでに、創造のエネルギーを持っているのです。そして、それをただ、『持っている』とはっきりと自覚し、信じ、使おうとするだけでよいのです」ということだと思うのです。つまり、それは全ての人がすでに持っている力なのです。

ハートのエネルギーが素晴らしい創造のエネルギーへと変わるのです。

つまり、自分の叶えたい願いがあったら、そこからその願いを発するのです。このような現実を創りたい、と思ったら、そのイメージをハートのチャクラから送り出すのです。

未来は、私たちの力で創り出していきます。

だからこそ、よい意図を持って、素晴らしい未来を創ると常に思っている必要があるのです。

未来とは今より1秒先の話です。

今、何か暗い気持ちでいたり、暗い未来を描いていたとしたならば、ぜひこの瞬間から素晴

願いを叶えたいと思ったら、そのイメージをハートのチャクラから送り出そう!!
「創造のエネルギーをください。」

らしい未来を思い描いてください。

深呼吸をして、上から金色の光を取り入れ、なりたい自分、創りたい未来をイメージし、息を吐きながらハートのチャクラからエネルギーを出してください。

すると、もうその未来はあなたのもとにやってくるでしょう！

藤崎ちえこ

２００５年11月

おすすめＣＤ

モンロー研究所から一般向けに現在50種類ほど売られているヘミシンクＣＤのいくつかをご紹介します。

●Transcendence（トランスセンデンス）　意識を高い瞑想状態にもっていきたいときに。ヘミシンク音の雑音のみが入ったマインドフードという種類。

●Higher（ハイヤー）　高い意識へと導きます。ヘミシンク音に繊細な音楽が入ったメタミュージックという種類。

●Inner Journey（インナージャーニー）　内面的に隠された自分の感情を見たり、幼少時の頃の風景が浮かんできやすい。やさしい音楽の入ったメタミュージック。

●Mystic Realms（ミスティック・リアルムズ）　ミステリアスな音楽とともに、高い瞑想状態に導くメタミュージック。

●Ascension（アセンション）　高次元へ行き、自己のハイヤーセルフとの会話をお楽しみください。穏やかで繊細な音楽の入ったメタミュージック。

●Romantic Wonder（ロマンティック・ワンダー）　夢心地なムードが、ロマンティックな気分にさせてくれます。フルートとギターとチェロの音楽の入ったメタミュージック。

●Concentration（コンセントレーション）　ヘミシンク音の雑音のみが入ったマインドフード。仕事や勉強に集中したいときに、バックグラウンドミュージックとしてかけるのも可能です。朝、お目覚めのためにもどうぞ。

●Rememberance（リメンバランス）　同じく集中したいときや目覚めをよくしたいときに効果的。ヘミシンク音にプロの作曲家の音楽が入ったメタミュージック。

●Super Sleep（スーパースリープ）　睡眠が得にくい方や、日々のストレスで深い睡眠を必要とする方に。枕元に、ステレオのスピーカーを置いて、小さい音で一晩中流してみてはいかがでしょうか。ヘミシンク音だけのマインドフード。

●Einstein's Dream（アインシュタインズ・ドリーム）　勉強や仕事の効率アップに。また、落ち着きのない子どもや、学習障害の子どもたちのために。子どもによいとされるモーツァルトの曲が入ったメタミュージック。

●Indigo For Quantum Focus（インディゴ・フォー・クオンタム・フォーカス）　勉強や仕事の効率アップに。また、落ち着きのない子どもや、学習障害の子どもたちのために。エレクトロニック音楽と超学習のための集中力を呼び起こすヘミシンク音の入ったメタミュージック。

ヘミシンク・プログラム、ヘミシンクＣＤについて、詳しくは…

心の森研究所　http//cocomori.main.jp/
cocomori@aa.main.jp
ＴＥＬ　０５０－１３９０－８６８５

〈著者紹介〉
藤崎ちえこ（ふじさき　ちえこ）
医学博士、心理学修士。「心の森研究所」における
米国モンロー研究所公認ゲートウェイ・アウトリーチ・トレーナー、
全米催眠協会認定催眠療法士、アプライド・キネシオロジー・
ファシリテーター。国内外のさまざまな代替療法を学びつつ、
カウンセリング・ヒーリング活動を行う。
全人的療法の考えから、「魂」という概念を取り入れた療法を大切にする。
2003年、米国モンロー研究所初の公認日本人ゲートウェイ・
アウトリーチ・トレーナーとして日本でワークをスタート。
現在、ワークと講演で全国を飛び回る。
著書『魂の帰郷』、『天国の法則』（ともにビジネス社）。

心の森研究所
http://cocomori.main.jp/
cocomori@aa.main.jp

異次元の旅へ
ガイドやスピリットたちとの出会い、
体外離脱が導くもの――ヘミシンク・ワークのすべて

第１刷――2005年12月31日

著　者――藤崎ちえこ
発行者――松下武義
発行所――株式会社徳間書店
〒105-8055　東京都港区芝大門2-2-1
電話　編集部（03）5403-4336
販売部（03）5403-4324
振替 00140-0-44392
（編集担当）豊島裕三子
印　刷――三晃印刷株式会社
カバー印刷――真生印刷株式会社
製　本――大口製本印刷株式会社

ISBN4-19-862111-X